Augsberg/Burkiczak

Der Kurzvortrag im Ersten Examen
Öffentliches Recht

W0078503

Der Kurzvortrag im Ersten Examen Öffentliches Recht

von

Dr. Steffen Augsberg

o. Professor an der Justus-Liebig-Universität Gießen

und

Dr. Christian Burkiczak

Richter am Landessozialgericht

3. Auflage 2018

C.H.BECK

www.beck.de

ISBN 978 3 406 72563 0

© 2018 Verlag C. H. Beck oHG
Wilhelmstraße 9, 80801 München
Druck: Druckhaus Nomos
In den Lissen 12, 76547 Sinzheim

Satz: DTP-Vorlagen des Autors
Umschlaggestaltung: Druckerei C.H. Beck Nördlingen

Gedruckt auf säurefreiem, alterungsbeständigem Papier
(hergestellt aus chlorfrei gebleichtem Zellstoff)

Vorwort

Seit der letzten Auflage dieses Buches ist auch in Sachsen und Sachsen-Anhalt der Kurzvortrag als Prüfungselement in der ersten justischen Staatsprüfung wieder entfallen, so dass er nur noch in Berlin, Brandenburg, Hamburg und Nordrhein-Westfalen stattfindet. Trotz der damit zwangsläufig verbundenen reduzierten Nachfrage ist in relativ kurzer Zeit eine weitere Neuauflage erforderlich geworden. Wir verstehen das als erfreulichen Hinweis darauf, dass das vorliegende Buch von den Kandidatinnen und Kandidaten weiterhin als sinnvolle und hilfreiche Unterstützunng bei der Vorbereitung auf den Kurzvortrag im öffentlichen Recht empfunden wird.

Für die Neuauflage wurde der Text noch einmal durchgesehen; zudem wurden, soweit erforderlich, die Nachweise aktualisiert. Für Anregungen und auch für Hinweise auf nicht durchweg vermeidbare Fehler per E-Mail an die Adresse kurzvortrag@burkiczak.de sind wir weiterhin dankbar.

Gießen/Karlsruhe, April 2018

Steffen Augsberg
Christian Burkiczak

Vorwort zur 1. Auflage

Im Zuge der Reform der Juristenausbildung im Jahr 2003 haben mittlerweile sieben Bundesländer (Berlin, Brandenburg, Hamburg, Niedersachsen, Nordrhein-Westfalen, Sachsen, Sachsen-Anhalt) einen sog. Kurzvortrag zum Gegenstand des mündlichen Teils der staatlichen Pflichtfachprüfung gemacht. Er hat sein Vorbild im in allen Bundesländern (außer Bayern) schon länger praktizierten Aktenvortrag im Assessorexamen, ohne damit identisch zu sein.

Das vorliegende Buch soll bei der Vorbereitung des Kurzvortrages im Ersten Examen eine Hilfestellung leisten. Im ersten Teil werden die methodischen Grundlagen der öffentlich-rechtlichen Fall- und Themenbearbeitung dargestellt, deren Anwendung dann anhand der Aufgaben im zweiten Teil eingeübt werden kann. Die hierfür ausgewählten Fälle und Themen können naturgemäß bei weitem nicht alle erdenklichen Fragestellungen ansprechen; sie sind beispielhafter Natur. Gleichwohl vermitteln bzw. wiederholen sie eine Reihe von grundlegenden Problemen des Staats- und Verwaltungsrechts in materieller und prozessualer Hinsicht. Vor allem aber bieten sie eine Hilfestellung bei der selbständigen Übung. Lesen allein ist hier zu wenig; die Vorträge sollen gehalten werden.

Dem Genre als Lernbuch entsprechend ist der wissenschaftliche Fußnotenapparat auf das Notwendigste, insbesondere die Nachweise höchstrichterlicher Judikate, beschränkt. Er enthält zudem ebenso wie die Literaturübersichten bei jeder Aufgabe Hinweise auf weiterführende bzw. vertiefende Literatur, wobei der Schwerpunkt auf der neueren Ausbildungsliteratur liegt.

Für Anregungen und auch für Hinweise auf nicht durchweg vermeidbare Fehler per E-Mail (kurzvortrag@burkiczak.de) wären wir dankbar.

Köln/Reutlingen, April 2008

Steffen Augsberg
Christian Burkiczak

Inhaltsverzeichnis

Abkürzungsverzeichnis

Einl. Preuß. ALR	Einleitung zum Allgemeinen Landrecht für die preußischen Staaten von 1794
EuGH	Europäischer Gerichtshof
EUV	Vertrag über die Europäische Union
FeV	Verordnung über die Zulassung von Personen zum Straßenverkehr (Fahrerlaubnisverordnung)
f., ff.	folgende
GemO	Gemeindeordnung
GG	Grundgesetz für die Bundesrepublik Deutschland vom 23. Mai 1949
GO	Geschäftsordnung
h	Stunde
Hmb.	Hamburg
HmbVwVfG	Hamburgisches Verwaltungsverfahrensgesetz
Hrsg.	Herausgeber
i. V. m.	in Verbindung mit
JA	Juristische Arbeitsblätter
Jura	Juristische Ausbildung
JuS	Juristische Schulung
JZ	Juristenzeitung
lit.	litera (Buchstabe)
m. w. N.	mit weiteren Nachweisen
Min.	Minuten
NJOZ	Neue Juristische Online Zeitschrift
NJW	Neue Juristische Wochenschrift
Nr.	Nummer
NVwZ	Neue Zeitschrift für Verwaltungsrecht
NVwZ-RR	Neue Zeitschrift für Verwaltungsrecht – Rechtsprechungsreport
NVZ	Neue Zeitschrift für Verkehrsrecht
NW	Nordrhein-Westfalen
NWVBl.	Nordrhein-Westfälische Verwaltungsblätter
o. ä.	oder ähnlich(es)
OVG	Oberverwaltungsgericht
PolG	Polizeigesetz
Rspr.	Rechtsprechung
Rn.	Randnummer
S.	Satz bzw. Siehe
s. a.	siehe auch
SächsVBl.	Sächsische Verwaltungsblätter
SOG Hamburg	Gesetz zum Schutz der öffentlichen Sicherheit
StVG	Straßenverkehrsgesetz

StVO .... Straßenverkehrsordnung
s. u. .... siehe unten

Var. .... Variante
VG .... Verwaltungsgericht
VGH .... Verwaltungsgerichtshof
vgl. .... vergleiche
VwVfG .... Verwaltungsverfahrensgesetz
VwVG .... Verwaltungsvollstreckungsgesetz

WHG .... Wasserhaushaltsgesetz
WRV .... Weimarer Reichsverfassung vom 11. August 1919

z. B. .... zum Beispiel

Literaturverzeichnis

Bydlinski	Juristische Methodenlehre und Rechtsbegriff, Wien 1982
Calliess/Ruffert (Hrsg.)	EUV/AEUV, 5. Aufl., München 2016
Dreier (Hrsg.)	Grundgesetz, Band I, 3. Aufl., Tübingen 2013
Ehlers/Pünder (Hrsg.)	Allgemeines Verwaltungsrecht, 15. Aufl., Berlin 2016
Eschenburg	Staat und Gesellschaft in Deutschland, München, 1965
Fehling/Kastner (Hrsg.)	Verwaltungsrecht: VwVfG und VwGO, 4. Aufl., Baden-Baden 2016
Finkelnburg/Dombert/Külpmann	Vorläufiger Rechtsschutz im Verwaltungs-streitverfahren, 7. Aufl., München 2017
Friauf/Höfling (Hrsg.)	Berliner Kommentar zum Grundgesetz, Loseblatt, Berlin 2018
Gast	Juristische Rhetorik, 5. Aufl., Heidelberg 2015
Haft	Juristische Rhetorik, 7. Aufl., Freiburg 2007
Hufen	Verwaltungsprozessrecht, 10. Aufl., München 2016
Ipsen	Staatsrecht I, 29. Aufl., Köln/München 2017
Jarass/Pieroth	Grundgesetz, Kommentar, 14. Aufl., München 2016
Höfling	Fälle zum Staatsorganisationsrecht, 5. Aufl., München 2014
Knack/Henneke	Verwaltungsverfahrensgesetz, 10. Aufl., Köln 2014
Kopp/Schenke	Verwaltungsgerichtsordnung, 23. Aufl., München 2017
Larenz/Canaris	Methodenlehre der Rechtswissenschaft, 3. Aufl., Berlin 1995
Maurer	Allgemeines Verwaltungsrecht, 19. Aufl., München 2017
Maunz/Dürig (Begr.)	Grundgesetz, Loseblatt, München 2018
Ossenbühl	Staatshaftungsrecht, 6. Aufl., München 2013
Kingreen/Poscher	Grundrechte, 33. Aufl., Heidelberg 2017
Sachs (Hrsg.)	Grundgesetz, 8. Aufl., München 2018
Schenke	Verwaltungsprozessrecht, 15. Aufl., Heidelberg 2017
Schlaich/Korioth	Das Bundesverfassungsgericht, 10. Aufl., München 2015
Schoch (Hrsg.)	Besonderes Verwaltungsrecht, 15. Aufl., Berlin 2013

Schoch   Übungen im Öffentlichen Recht II, Verwal-
                                  tungsrecht und Verwaltungsprozessrecht,
                                  Berlin 1992

Schoch/Schmidt-Aßmann/
Pietzner (Hrsg.)   Verwaltungsgerichtsordnung, Loseblatt,
                                  München 2018

Schwerdtfeger/Schwerdtfeger   Öffentliches Recht in der Fallbearbeitung,
                                  15. Aufl., München 2018

Sodan/Ziekow (Hrsg.)   Verwaltungsgerichtsordnung, 4. Aufl.,
                                  Baden-Baden 2014

Stelkens/Bonk/Sachs (Hrsg.)   Verwaltungsverfahrensgesetz, 8. Aufl.,
                                  München 2014

Ule/Laubinger   Verwaltungsverfahrensrecht, 4. Aufl.,
                                  Köln 1995

Wagner   Grundlagen der mündlichen Kommunikation,
                                  8. Aufl., Regensburg 1999

Wolff/Bachof/Stober/Kluth   Verwaltungsrecht II, 7. Aufl., München 2010

Würtenberger   Verwaltungsprozessrecht, 3. Aufl.,
                                  München 2011

Kapitel 1. Grundlagen

§ 1. Zum Umgang mit diesem Buch

Mit der Reform der Juristenausbildung im Jahre 2003[1] wurde nicht **1** nur das universitäre Studienprogramm umgestaltet und das Erste Juristische Staatsexamen um einen zusätzlichen, den einzelnen Fakultäten überantworteten Prüfungsteil in sog. Schwerpunktbereichen erweitert. Auch die Anforderungen hinsichtlich des staatlichen Examensteils haben sich gewandelt, und zwar nicht allein hinsichtlich der Zusammenstellung und Anzahl der Klausuren, sondern auch mit Blick auf die abschließende mündliche Prüfung.

Die Gründe hierfür sind schnell benannt: Eines der Hauptziele der **2** Reform liegt darin, die Ausbildung stärker auf die spätere berufliche Tätigkeit hin auszurichten. Dem dient neben einer verstärkten Spezialisierungsmöglichkeit schon im Studium vor allem die Stärkung der sog. Schlüsselqualifikationen. Es ist insoweit nur folgerichtig, wenn diese arbeitsmarktorientierte Sichtweise auch auf den Prüfungsabschnitt durchschlägt und namentlich der mündlichen Leistungsfähigkeit gegenüber der schriftlichen ein zusätzliches Gewicht eingeräumt wird. Denn sowohl in der Anwaltschaft als auch in der Justiz – um nur die beiden ganz klassischen juristischen Betätigungsfelder zu nennen – kommt der professionellen, fach- und sachgerechten Präsentation der eigenen Lösungsvorschläge erhebliches Gewicht zu.[2]

Natürlich lassen sich komplexere Sachverhalte am besten oder doch **3** leichter in schriftlicher Form darstellen. Dennoch wird regelhaft eine mündliche Erörterung jedenfalls nicht vollständig ausgeschlossen sein. Selbst bei einfacheren Fallkonstellationen wird man insoweit allerdings bei der gebotenen realitätsnahen Betrachtung anzunehmen haben, dass die betroffenen Berufsträger keinesfalls völlig unvorbereitet in eine Besprechung, Verhandlung o. ä. gehen, sondern sich auf ein im Vorhinein überlegtes und gegebenenfalls jedenfalls in den Grundzügen schriftlich fixiertes Konzept stützen.

---

[1] Dazu etwa *Gilles/Fischer*, NJW 2003, 707 ff.; *Hommelhoff/Teichmann*, JuS 2002, 839 ff.; *Kessler*, JA 2003, 712 ff.; *Windel*, Jura 2003, 79 ff.
[2] Vgl. *Dylla-Krebs*, NWVBl. 2003, 369 (371).

4   Dies verdeutlicht, warum die klassische mündliche Prüfung, in der die Kandidaten[3] ohne längere Vorbereitungszeit auf ihr Präsenzwissen hin abgefragt werden, insoweit nicht unbedingt praxisnah und folglich durchaus ergänzungsbedürftig ist. Dementsprechend werden im Rahmen des Zweiten Examens (sog. Assessorexamen) schon seit jeher die mündlichen Prüfungsgespräche durch sog. Aktenvorträge ergänzt, bei denen die Kandidaten eine gewisse Vorbereitungszeit erhalten, um einen zugewiesenen Aktenauszug einer sodann mündlich zu präsentierenden Lösung zuzuführen. Hierzu ist bereits eine recht große Anzahl an Ausbildungsliteratur erhältlich.[4]

5   Die Menge einschlägiger Ausbildungshilfen in diesem Bereich veranschaulicht treffend, dass diese besondere Prüfungssituation keineswegs von vornherein mit einer „mündlichen Klausur" gleichgesetzt werden darf, sondern spezifische Anforderungen stellt und mithin eine spezifische Vorbereitung voraussetzt. In der Tat lassen sich auch Besonderheiten ausmachen, die ein besonderes „Training" verlangen. Wegen der abweichenden Zielsetzung hinsichtlich des Prüfungsinhalts bilden indes die zum Assessorexamen erhältlichen Publikationen kaum eine sinnvolle Hilfestellung für den Vortrag im Ersten Examen. Für diesen kommt es darauf an, die allgemeinen Anforderungen an einen mündlichen Vortrag mit denjenigen Sachanforderungen zu verbinden, die gerade im Ersten Examen von den Kandidaten erwartet werden.

6   Letzterem dient dieses Buch. Es soll zum einen in einem einführenden ersten Teil (§§ 2–3) mit den rechtlichen Grundlagen der neuen Prüfungssituation vertraut machen und eine allgemeine Einführung in die Spezifika einer mündlichen juristischen Falllösung bzw. Themendarstellung leisten.

Hierauf aufbauend kann sodann in einem zweiten Teil das eigentliche Training in Angriff genommen werden. Zu diesem Zwecke enthält das Buch in Teil 2 dreizehn verschiedene, auf ihre Praxisnähe hin abgestimmte und beispielhaft ausgesuchte Vortragsgestaltungen. Deren Lektüre ersetzt selbstredend nicht die erforderliche intensive Auseinandersetzung mit dem nach den jeweiligen Landesjustizausbildungsgesetzen vorgegebenen Lernstoff für das Erste Examen. Die Zusammenstellung

---

[3] Hier wie im Folgenden sind mit der nur aus Gründen der Leseerleichterung verwendeten männlichen Form natürlich auch die Kandidatinnen gemeint.

[4] Z. B. *Jäckel*, Der zivilrechtliche Aktenvortrag im Assessorexamen, 4. Aufl. 2016; *Jäckel/Schneider*, Der strafrechtliche Aktenvortrag im Assessorexamen, 5. Aufl. 2017; *Janssen*, Der Aktenvortrag im Öffentlichen Recht, 4. Aufl. 2011; *Schmitz*, Der Aktenvortrag im Strafrecht, 4. Aufl. 2009; *Pagenkopf/Pagenkopf/Rosenthal*, Der Aktenvortrag im Assessorexamen, 5. Aufl. 2016. Für das erste Examen ist bislang erschienen *Pagenkopf/Rosenthal/Rosenthal*, Der Vortrag im 1. juristischen Examen, 2007.

der Fallgestaltungen bzw. thematischen Fragestellungen gewinnt ihren
ordnenden Zusammenhang daher nicht aus dem Versuch, in Kurzform
ein Repetitorium der wichtigsten examensrelevanten Probleme zu leisten – auch wenn selbstverständlich die angesprochenen Problemkonstellationen sämtlich examensrelevant sind. Vielmehr geht es vor allem darum, exemplarisch typische Aufgabenstellungen aufzunehmen, anhand
derer die für die meisten Studenten noch weitgehend bis völlig unge-
wohnte Situation eines mündlichen Vortrags eingeübt werden kann.

Dementsprechend ist das vorliegende Werk auch nicht als auf bloße **7**
Wissensvermittlung hin angelegtes Lehrbuch im klassischen Sinne kon-
zipiert, das den Leser weitgehend in einer passiven Rolle belässt. Vielmehr soll es gerade in seinem zweiten Teil als auf Interaktion angelegtes
Übungsbuch genutzt werden. Wer an das eigenständige Lernen und Arbeiten gewöhnt ist, kann bzw. sollte daher zunächst nur die Aufgabenstellung lesen, auf deren Basis in der festgelegten Zeit sich an der Skizzierung einer Lösung versuchen, sodann den Vortrag halten und ihn
nachträglich mit dem hier vorgeschlagenen vergleichen.

Besser und einfacher dürfte es aber sein, sich mit mindestens einem
weiteren Kommilitonen in Übungsgemeinschaften wechselseitig zu
überhören und gegebenenfalls zu korrigieren. Dabei kann es durchaus
sinnvoll sein, wenn zweimal oder sogar öfter derselbe Fall von unterschiedlichen Personen verwandt wird. Denn die vorgetragene Lösung
wird nie vollständig identisch sein, und gerade in der vergleichenden
Perspektive werden mitunter die eigenen Defizite, aber auch die persönlichen Stärken erst recht deutlich.

Vor diesem Hintergrund versteht sich, zum einen, von selbst, dass **8**
erst ganz am Ende eines derartigen Lernprozesses der Abgleich mit den
vorgegebenen Lösungshinweisen stehen sollte. Es folgt daraus aber
auch, zum zweiten, dass letztere keine absolute Zielvorgabe beinhalten.

Die hier abgedruckten einzelnen Vortragsgestaltungen verstehen sich
daher auch keineswegs als die einzig richtige Herangehensweise. Es sind
vielmehr bloße Vorschläge, die aus didaktischen Gründen zudem ten-
denziell so ausführlich und lang sind, dass sie sich in dieser Form im
vorgegebenen Zeitrahmen kaum verwirklichen lassen dürften. Eine ein-
hundertprozentige Umsetzung ist ebenso wenig verlangt wie sie überhaupt erstrebenswert erscheint. Völlig verfehlt wäre es daher z. B., sich
der langwierigen und mühsamen Anstrengung zu unterziehen, einzelne
Passagen oder gar ganze Abschnitte auswendig zu lernen. Das schließt
es zwar nicht aus, gegebenenfalls einzelne, als besonders gelungen er-
achtete Formulierungen zu übernehmen.

Allgemeines Ziel sollte es aber lediglich sein, sich in Annäherung an
die hier vorgelegten Beispiele um eine klar strukturierte und sprachlich

wie sachlich präzise Auseinandersetzung mit den in der Aufgabenstellung angelegten Problemen zu bemühen.

9   Die eine richtige Lösung, die perfekte Formulierung gibt es hier nicht; stattdessen ist es Aufgabe jedes einzelnen Prüflings, die über Jahre aufgebauten und allenfalls mit größtem Aufwand wegzutrainierenden persönlichen Sprechgewohnheiten in eine juristisch saubere und gut verständliche Vortragsweise zu integrieren.[5] Nur wer sich nicht als ein anderer gibt, als er ist, wird typischerweise sicher auftreten können, und auf den sicheren und bestimmten Auftritt kommt es gerade an dieser Stelle besonders an. Noch stärker als in der schriftlichen dürfte bei der mündlichen Präsentation zutreffen, dass die Art und Weise, in der eine bestimmte (schlimmstenfalls: grob falsche) Lösungsvariante vorgestellt wird, entscheidenden Einfluss auf die Benotung besitzt.

10   Das bedeutet dann zwar nicht unbedingt, dass eine in sich unstimmige und unlogische Argumentation nur deshalb akzeptiert wird, weil der Vortragende besonders souverän agiert (bzw. richtiger: zu agieren scheint). Doch kann eine unsichere, mit brüchiger Stimme leise und hastig „heruntergerasselte" Präsentation zu (erheblichen) Punktabzügen führen, selbst wenn die gegebene Lösung an sich nicht zu beanstanden ist. Auch deshalb sollte nicht nur das Lernprogramm nicht bereits mit der Lektüre dieses Buches für abgeschlossen erklärt werden, sondern um die beschriebenen Übungselemente ergänzt werden. Wann immer möglich, sollte zudem die von den Universitäten teilweise angebotene Gelegenheit zu einer simulierten mündlichen Prüfung wahrgenommen werden.

11   Dergestalt vorbereitet, sollte der Vortrag im Ersten Examen weniger als bedrohlich empfunden denn als eine echte Chance genutzt werden. Für die meisten Prüflinge dürfte es sich ohnehin eher vorteilhaft auswirken, vorab eine gewisse Zeit über die eigene Lösung nachdenken zu können, diese also nicht ad hoc entwickeln zu müssen. Sie können infolge der zugewiesenen Bedenkzeit auch schon alternative Szenarien gedanklich durchspielen und sind damit eher imstande, auf potentielle Einwände der Prüfer adäquat zu reagieren. Es entfällt insoweit auch der zusätzliche Druck, den Antworten der anderen Kandidaten folgen zu müssen, um so die Anschlussfähigkeit der eigenen Ausführungen an das laufende Prüfungsgespräch sicherzustellen. Schließlich und vor allem gewährleistet der Vortrag eine erhöhte Prüfungsgerechtigkeit, weil die Kandidaten mit derselben Aufgabenstellung konfrontiert werden und in derselben Zeit einen als Vergleichsmaßstab tauglichen Lösungsvorschlag anbieten. Niemand muss also befürchten, an einer besonders ungünstigen Stelle befragt oder aber insgesamt zu wenig berücksichtigt zu

---

[5] Dazu noch im Einzelnen unten Rn. 50 ff.

werden. Alle Kandidaten haben zudem an dieser Stelle Gelegenheit, anders als im anschließenden Prüfungsgespräch die eigenen Gedanken über einen längeren Zeitraum hinweg zu entwickeln und darzustellen.

> Das Erlernen der korrekten methodischen Vorgehensweise gelingt typischerweise nicht ohne Fallbezug, sondern setzt eine intensive Anwendung des Gelesenen voraus. Sie sollten daher Ihre Fähigkeiten an Fallbeispielen trainieren und dabei möglichst gemeinsam mit Kommilitonen bewusst an vorhandenen Fehlern arbeiten. **12**

§ 2. Rechtliche Grundlagen der Kurzvorträge

Die folgenden Länder haben ihre Justizausbildungsgesetze bzw. -verordnungen so umgestellt, dass auch im ersten Examen ein mündlicher Vortrag zu halten ist: **13**

- Berlin
- Brandenburg
- Hamburg
- Nordrhein-Westfalen

Insbesondere in den süddeutschen Ländern ist hingegen eine entsprechende Gesetzesänderung bislang nicht vorgenommen worden. Nach Auskunft der dortigen Justizprüfungsämter ist sie dort derzeit auch nicht geplant. In Niedersachsen, Sachsen und Sachsen-Anhalt ist der Kurzvortrag als Prüfungselemt in der ersten juristischen Staatsprüfung wieder abgeschafft worden. Soweit hingegen der Vortrag bereits zum gegenwärtigen Zeitpunkt Teil der staatlichen Pflichtfachprüfung ist, sind die einschlägigen Voraussetzungen einerseits durchaus ähnlich, weisen aber doch Unterschiede im Detail auf. Diese ergeben sich im Einzelnen aus den im Anhang[6] wiedergegebenen landesrechtlichen Grundlagen und den dazu von den Prüfungsämtern veröffentlichten Hinweisen. **14**

---

[6] Dort auch die jeweiligen Fundstellen.

Im Überblick lassen sich die jeweiligen Vorgaben der nachstehenden Tabelle entnehmen:

Land	Rechts-grundlage	Vortragsdauer Vorbereitungszeit		Auswahl des Rechtsgebietes
Berlin/ Brandenburg (Gemeinsames Prüfungsamt)	§ 9 Abs. 2 JAO Berlin/ § 9 Abs. 2 BbgJAO	10 Min.; an-schl. max. 5 Min. Vertie-fungsgespräch	1 h	Wahl des Rechtsgebiets durch den Prüfling, ggf. durch das Prüfungsamt (wenn nicht rechtzeitig durch den Prüfling).
Hamburg	§ 20 HmbJAG	Max. 10 Min.; „anschlie-ßende Rück-fragen sind möglich".	1 h	Keine Wahlmöglichkeit, keine Vorabinformation.
Nordrhein-Westfalen	§ 15 Abs. 4 JAG NRW	Max. 12 Min.	1 h	Keine Wahlmöglichkeit, aber Vorabinformation über das Rechtsgebiet mit der Ladung.

§ 3. Juristische Methodik und die Vortragssituation

An dieser Stelle kann keine allgemeine juristische Methodenlehre ge- **15** leistet werden, sondern es sollen nur einige zusammenfassende Hinweise gegeben werden, deren Beachtung realistischerweise auch in der mündlichen Prüfungssituation erwartet werden kann. Deshalb werden nachfolgend zunächst einige kurze allgemeine Aussagen zur juristischen Fallbearbeitung zusammengetragen, wobei jeweils die durch die spezifische Prüfungssituation bedingten Besonderheiten eingehender Erwähnung finden (dazu A.). In einem zweiten Schritt sind dann solche Vortragsgestaltungen in den Blick zu nehmen, die nicht die Lösung eines Falles, sondern die Darstellung eines Themenkomplexes verlangen (dazu B.). Unabhängig hiervon sind schließlich die Bemerkungen zur Vortragstechnik (dazu C.). Da konkretere Aussagen zur Methodik naturgemäß stets streng sowohl auf das betroffene Rechtsgebiet als auch auf den jeweiligen Prüfungszusammenhang rückbezogen sind, erfolgen zudem nähere Hinweise auf das gebotene Vorgehen innerhalb der Lösungsvorschläge im zweiten Teil des Buches.

A. Grundzüge der Methodik der juristischen Fallbearbeitung unter Berücksichtigung der besonderen Erfordernisse einer mündlichen Präsentation

Das selbstreflexive Nachdenken über ihre Methodik gehört zu den klas- **16** sischen Tätigkeitsfeldern der Jurisprudenz. Ausgehend von der Erkenntnis, dass zwischen dem vorgegebenen Lebenssachverhalt und den anzuwendenden Normen zunächst ein weiter Abgrund klafft, muss nach Möglichkeiten gesucht werden, (im Idealfall: wieder verwendbare) Brücken zu bauen. Dies leistet eine abgestimmte Methodik, die damit zugleich einer wesentlichen Gerechtigkeitsforderung Rechnung trägt, weil sie die weitgehende Gleichbehandlung sicherstellt. Es ist deshalb keineswegs reine akademische Beschäftigungstherapie, wenn immer wieder über die korrekte methodische Vorgehensweise debattiert wird.[7]

Im Folgenden steht indes mit Blick auf die intendierte Praxisbezogenheit nicht die theoretische Auseinandersetzung mit einzelnen methodischen Grundüberlegungen im Vordergrund, sondern es werden im Sinne eines reflektierten Auslassens allein die unmittelbar für die Fall-

---

[7] Klassisch dazu z. B. *Larenz/Canaris*, Methodenlehre der Rechtswissenschaft; *Bydlinski*, Juristische Methodenlehre und Rechtsbegriff.

bearbeitung innerhalb eines mündlichen Vortrags relevanten Arbeitsmaximen dargestellt und erläutert. Die Ausführungen sind daher als eine Art „Checkliste" zu verstehen, anhand derer im Einzelfall vorgegangen werden sollte, ohne dass indes stets alle hier aufgeführten Punkte für die konkrete Fallkonstellation zur Anwendung kommen müssen.

I. Sachverhaltsanalyse

17　　Rechtsarbeit ist Textarbeit. Das gilt gerade im Studium nicht nur für die Auseinandersetzung mit den einschlägigen Gesetzestexten, sondern auch für die Beschäftigung mit dem vorgegebenen Aufgabentext. Dessen sorgfältige und differenzierte Analyse ist deshalb Ausgangspunkt und wichtigste Grundlage aller Folgeüberlegungen. Es kann kaum genug betont werden, wie entscheidend es ist, gerade an dieser Stelle gründlich und gewissenhaft zu arbeiten.

　　Anders als im Assessorexamen hat der Kandidat im Referendarexamen typischerweise nicht einen Aktenauszug vor sich, aus dem heraus er erst den unstreitigen und streitigen Vortrag zu einer umfassenden Tatbestandsdarstellung konstruieren muss, sondern kann und muss sich voll auf den gegebenen Sachverhalt verlassen. Umso wichtiger ist es aber dann, keinen Fehler bei der Umsetzung des Gelesenen in das Gesprochene zu begehen. Wer beispielsweise Jahreszahlen vertauscht oder vergisst, kann ein entscheidendes Verjährungsproblem vollständig übersehen, wer den Beteiligten nicht die jeweils korrekten Handlungsbeiträge zuordnet, wird Zuständigkeiten oder öffentlich-rechtliche Verantwortungszurechnungen nicht mit der gebotenen Präzision prüfen können.

18　　Gefordert ist daher vor allem ein sorgsames Lesen sowohl des Sachverhaltes als auch der Fallfrage sowie gegebenenfalls des Bearbeitervermerks. Letzteres ist hier von besonderer Wichtigkeit. Denn auch die sorgfältigste Lektüre nützt wenig, solange man nicht weiß, worum es dem Aufgabensteller eigentlich geht. Gerade in der Situation eines mündlichen Vortrags kann es diesem aber angemessen erschienen sein, eine Eingrenzung auf einen bestimmten Fragenkomplex vorzunehmen.

> **Beispiel:** *„War die Maßnahme der Polizei rechtmäßig? Die Zuständigkeit der Polizei ist dabei zu unterstellen."*[8]

　　Wer das übersieht und jenseits des Verlangten prüft, verliert nicht nur kostbare Zeit bei der Vorbereitung und beim Vortrag selbst, sondern erbringt auch eine fehlerhafte Prüfungsleistung.

---

[8] Siehe etwa unten Rn. 285, 292.

Deshalb ist es unerlässlich, zuerst den Bearbeitervermerk mit der Fallfrage zu lesen. Hieraus ergibt sich zumeist in hinreichender Klarheit, welche Aspekte schon beim ersten Lesen des Sachverhalts besonderer Aufmerksamkeit bedürfen. Zusätzlich sollte nach der ersten Durchsicht noch einmal eine Kontrollüberlegung hinsichtlich der konkreten Aufgabenstellung erfolgen.

Mit Blick auf den Sachverhalt sollte sich der Kandidat im Übrigen zunächst ganz allgemein über a) die beteiligten Personen/Institutionen, b) die zeitliche Reihenfolge des Geschehens sowie c) die streitigen Rechtspositionen klar werden. Als hilfreich erweisen sich Skizzen, durch die der Sachverhalt anschaulich gemacht wird. Der Bearbeiter sollte zu einer Wiedergabe der tatsächlichen Verhältnisse imstande sein. **19**

Der Sachverhalt ist als gegeben hinzunehmen, auch wenn er lebensfremd oder unwahrscheinlich erscheint. Keineswegs dürfen eigenmächtige Ergänzungen oder Interpretationen auf spekulativer Basis vorgenommen werden. Sollte dennoch ausnahmsweise eine Sachverhaltsauslegung erforderlich sein, muss diese an der normalen Lebenserfahrung orientiert erfolgen und vor allem später den Zuhörern gegenüber offen gelegt werden.[9]

Des Weiteren kann als Arbeitshypothese davon ausgegangen werden, dass der Sachverhalt nicht nur vollständig ist, sondern auch keine überflüssigen, d. h. für die Lösung bedeutungslosen Informationen enthält. Insbesondere in den (meist knappen) Fallgestaltungen der mündlichen Vorträge dürften kaum Ausführungen enthalten sein, die bloßes Beiwerk ohne inhaltliche Bedeutung sind. Falls daher bestimmte Aspekte des Tatbestandes nicht in der eigenen Lösungsvariante verwertet werden, sollte diese Beobachtung Anlass bieten, die Lösung erneut zu durchdenken. Schweigt der Sachverhalt andererseits zu bestimmten Aspekten, kann das als ein Indiz für einen unproblematischen Punkt betrachtet werden (das betrifft namentlich Fragen der Zulässigkeit und/oder der formellen Rechtmäßigkeit).

Umgekehrt kann häufig bereits aus dem Sachverhalt heraus deutlich werden, welche Punkte vertiefter Erörterung bedürfen. Anhaltspunkte sind insoweit insbesondere wiedergegebene rechtliche Ausführungen. **20**

> **Beispiel:** *„Schließlich umfasse sein verfassungsrechtlich garantiertes Persönlichkeitsrecht auch das Aussehen; er dürfe mithin auch über seinen Haarschnitt alleinverantwortlich entscheiden."*

Hier wird vom Bearbeiter in aller Regel eine – zustimmende oder widerlegende – Auseinandersetzung erwartet; was vom Aufgabensteller

---

[9] S. etwa unten Rn. 161, 272.

ersichtlich für erwähnenswert erachtet wurde, sollte daher auch in der eigenen Lösung nicht unerörtert bleiben.[10] Es empfiehlt sich schließlich, nach Abfassung der Lösungsskizze den Sachverhalt noch einmal kritisch durchzusehen, um auf Basis der gefundenen rechtlichen Lösung erneut zu überprüfen, ob tatsächlich alle vorgegebenen Informationen aufgenommen und umgesetzt wurden.

Das bedeutet, dass der – regelmäßig allerdings relativ knappe – Text trotz der Kürze der Vorbereitungszeit mindestens zweimal gelesen werden muss. Sinnvoll ist es dabei, sich zunächst auf das tatsächliche Geschehen zu konzentrieren und (erst) im zweiten Durchgang die Aufgabenstellung noch einmal mit besonderer Aufmerksamkeit für die rechtlichen Aspekte zu lesen. Gerade mit Blick auf das juristische Vorverständnis ist Vorsicht vor sog. falschen Freunden angebracht: Gemeint sind damit vermeintlich typische Konstellationen, die zu einer bestimmten Lösung einzuladen scheinen. Häufig werden hier doch Abweichungen vom Bekannten vorliegen, die sich unter Umständen gravierend auf die Lösung auswirken.

Ob darüber hinaus mit Textmarkern u. ä. gearbeitet werden sollte, ist nicht abstrakt zu entscheiden, sondern bleibt weitgehend von der persönlichen Präferenz überlassen. Allerdings birgt ein derartiges Vorgehen die Gefahr, beim ersten Durchgang auch letztlich Unwichtiges hervorzuheben bzw. relevante Tatsachen oder Aussagen durch die versehentliche Nichterfassung in den Hintergrund zu rücken. Gerade die eigenen Markierungen und ihre sachliche Berechtigung müssen daher im zweiten Durchgang noch einmal besonders kritisch untersucht werden.

21 | Das sorgfältige Lesen und exakte Verstehen des Sachverhalts einschließlich der Fallfrage und des Bearbeitervermerks ist unerlässliche Voraussetzung für den gelungenen Vortrag. Sie sollten den Sachverhalt mehrfach lesen, um auszuschließen, dass Sie wichtige Informationen und Zusammenhänge übersehen haben. Besondere Vorsicht ist bei scheinbar bekannten Fallkonstellationen angebracht. Hier müssen Sie darauf achten, ob nicht doch Unterschiede vorliegen, auf die es dann u.U. entscheidend ankommt!

II. Auffinden der relevanten Normen

22   Schon während der Lektüre des Sachverhaltes können erste Assoziationen bzw. Erkenntnisse in Bezug auf bestimmte Normen oder Normenkomplexe aufkommen, die unbedingt festgehalten werden sollten,

---

[10] S. zur Beispielsformulierung unten Rn. 237 ff., ähnlich auch Rn. 159 ff.

um die entsprechenden Einfälle später noch einmal auf ihre Stimmigkeit hin überprüfen zu können. Im Übrigen ist aber grundsätzlich die Auseinandersetzung mit den einschlägigen rechtlichen Grundlagen nur auf Basis eines umfassend aufbereiteten Sachverhalts sinnvoll möglich. Es gilt daher an dieser Stelle, die konkret geltend gemachten rechtlichen Positionen einer gesetzlichen oder vertraglichen Grundlage zuzuordnen.

Das öffentliche Recht kann sich hier infolge der zu berücksichtigenden Pluralität der Normebenen als besonders fordernd erweisen. Das betrifft allerdings nicht so sehr die insoweit eher einfachen Konstellationen des Grundrechtsschutzes, die auf einen sehr überschaubaren Normenbestand aus GG und BVerfGG beschränkt sind. Aber schon im Bereich des Staatsorganisationsrechtes müssen unter Umständen vergleichsweise wenig prominente Normen (beispielsweise aus der Geschäftsordnung des Bundestages) herangezogen werden, und im Verwaltungsrecht sind sogar häufig den Bearbeitern eher unbekannte Normen (beispielsweise der sicher nicht als bekannt vorauszusetzenden Fahrerlaubnisverordnung[11]) zur Anwendung zu bringen. **23**

Allgemein ist auch hier vor „falschen Freunden" zu warnen. Wer daher meint, die relevante Bestimmung gefunden zu haben, ist regelmäßig gut beraten, auch die „benachbarten" Normen zu lesen, um auszuschließen, dass eine von diesen einschlägig ist, weil sie eine der konkreten Fallkonstellation entsprechende Qualifikation aufweist. **24**

III. Erstellen einer Lösungsskizze

In den Klausuren kann unter Umständen das Erstellen einer Lösungsskizze als überflüssig oder gar hinderlich empfunden werden, weil mancher Gedankengang sich erst beim Schreiben selbst entwickelt, die Festlegung im Vorhinein also nur schwer möglich erscheint. Letztlich dürfte es hier den persönlichen Vorlieben und der eigenen Zeiteinteilung überlassen sein, ob man eine bereits sehr ausführliche, nur rudimentäre oder gar keine Lösungsskizze erstellt. **25**

Demgegenüber erscheint in der Situation des mündlichen Vortrags die Erstellung einer Lösungsskizze als nahezu zwingend, weil die Kandidaten sich während des eigentlichen Vortrags auf dessen Präsentation konzentrieren müssen und nicht noch um die richtige rechtliche Lösung ringen dürfen. Trotz der grundsätzlichen inhaltlichen Vergleichbarkeit der Konstellationen ist daher in diesem Fall unbedingt ratsam, die eigenen Überlegungen möglichst rasch zu Papier zu bringen. Wenn die Zeit reicht, sollte darüber hinaus schon im Interesse der Lesbarkeit und Ver-

---

[11] Siehe unten Rn. 256 ff.

ständlichkeit auf Basis dieser Skizze noch ein stichwortartiges „Vortragsmanuskript" erstellt werden. Das ermöglicht es auch, die Konsistenz der eigenen Darstellung noch einmal kritisch zu hinterfragen. Wer indes dies nicht mehr schafft, kann immerhin die eigene Lösungsskizze als Gedächtnisstütze verwenden und muss nicht befürchten, vollständig den Faden zu verlieren.[12]

IV. Aufbau und Darstellung

26   Ähnlich wie in den schriftlichen Arbeiten besitzt die Wahl eines in sich stringenten und durchgängig konsistenten Aufbaus oberste Priorität.[13] Ziel der Prüfung ist es schließlich nicht primär, das Sonderwissen in Bezug auf einen bestimmten rechtlichen Problemkomplex abzufragen. Statt dessen sollen die Kandidaten ihre Fähigkeit unter Beweis stellen, sich unter Inanspruchnahme der erlernten allgemeinen Prüfungshilfestellungen (mehr leisten die sog. Schemata keinesfalls) mit einer zunächst unbekannten juristischen Fragestellung auseinanderzusetzen, dabei das Neue mit dem mitgebrachten Wissen zu verbinden und insgesamt in eine Reihenfolge der Gedanken zu setzen, die nicht nur auf das richtige oder jedenfalls gut vertretbare Ergebnis hinführt, sondern den eingeschlagenen Weg stets klar erkennen lässt.

Die Vortragssituation schließt es dabei aus, bei eventuellen Unsicherheiten noch einmal „zurückzublättern", um sich der Sinnhaftigkeit des Vorgehens zu vergewissern. Umso bedeutsamer ist es deshalb, durch eine klare Struktur dem Zuhörer die Konzentration auf das Gesagte zu erleichtern. Wer sich beständig fragt, was gerade und warum an dieser Stelle geprüft wird, wird Schwierigkeiten haben, die vielleicht im Detail durchaus zutreffenden Ausführungen ausreichend zu würdigen. Es entspricht daher dem wohlverstandenen Eigeninteresse des Prüflings, sich vorab insbesondere mit der logisch oder rechtlich gebotenen Darstellungsreihenfolge auseinanderzusetzen. Gerade in diesem Punkt kann sich die Lösungsskizze als sehr hilfreich erweisen.

---

[12] Zur (psychologischen) Bedeutung von Vortragsnotizen siehe unten Rn. 58.

[13] Siehe bspw. die vom Sächsischen Staatsministerium der Justiz publizierten „Hinweise zur mündlichen Prüfung und zum Vortrag zu den Schlüsselqualifikationen in der Staatlichen Pflichtfachprüfung der Ersten Juristischen Prüfung" (im Anhang abgedruckt). Demnach können folgende Punkte „neben dem rechtlichen Gehalt bei der Bewertung des Vortrags von Bedeutung sein: systematischer Aufbau, Problemerfassung/Aufgabentreue, sprachlicher Ausdruck/Redetechnik, Überzeugungsfähigkeit/Argumentationskraft und Eingehen auf Fragen".

1. Konzentration auf das Wesentliche

Präsentieren bedeutet komprimieren. Während in einer fünfstündigen **27**
Examensklausur unter Umständen auch abwegigen Gedanken nachge-
gangen werden kann, sollte die knappe Zeit eines mündlichen Vortrags (je
nach Bundesland 5–12 Minuten, siehe oben) nur auf die unmittelbar einschlägigen zentralen Probleme verwendet werden. Das verlangt jedenfalls
in einer Vielzahl von Fällen, wenn nicht stets, das bewusste Auslassen bestimmter für irrelevant oder jedenfalls weniger entscheidend erachteter
Komplexe. Die gebotene ausführliche juristische Prüfung ist eben nur im
Kontext der jeweiligen Prüfungssituation zu verstehen; letztlich lassen
sich niemals alle durch eine bestimmte Sachverhaltskonstellation aufgeworfenen Fragen wirklich umfassend beantworten.

Die Bearbeiter sind deshalb gehalten, sich nicht nur über die potentiell
aufgeworfenen Rechtsprobleme und die einschlägigen Normen (komplexe) klar zu werden und diese nach ihrer Relevanz für die Fallfrage zu
ordnen. Sie müssen sich auch Gedanken darüber machen, welche Prob-
lembereiche eventuell so abwegig oder ersichtlich nicht einschlägig sind,
dass auch eine nur oberflächliche Prüfung entbehrlich erscheint.

Ähnliches gilt auch für die kleinteiligere Prüfung einzelner Normen.
Hier ist nicht nur in sprachlicher Hinsicht ein vernünftiges Verhältnis
von Gutachten- und Urteilsstil zu finden.[14] Zudem muss überlegt werden, in welcher Ausführlichkeit eine bestimmte Aussage argumentativ
unterlegt werden muss. So mag es geboten sein, einzelne Tatbestandsmerkmale jedenfalls bei der ersten Erwähnung kurz zu definieren. Das
gilt selbst für so gebräuchliche Definitionen wie etwa die der Gefahr im
polizeirechtlichen Sinne.[15]

> **Beispiel:** „ ... *es müsste die öffentliche Sicherheit oder Ordnung durch
> die Durchführung der Versammlung unmittelbar gefährdet sein. Unter
> einer Gefahr versteht man wie im Polizeirecht auch hier eine Sachlage,
> die bei ungehindertem Fortlaufen des objektiv zu erwartenden Gesche-
> hens im Einzelfall mit hinreichender Wahrscheinlichkeit zu einer Ver-
> letzung der betroffenen Schutzgüter führt. "*

Auf der anderen Seite kann aber eine besonders komplizierte, mithin
zeitintensive Fallgestaltung es auch angezeigt erscheinen lassen, derartige „Selbstverständlichkeiten" eher en passant zu streifen als intensiver
zu erörtern. Auch an dieser Stelle sind somit ein gewisses Fingerspitzen-
gefühl und vor allem eine nur durch Übung zu erlangende Einschätzung
der eigenen Zeitbedürfnisse erforderlich.

---

[14] Dazu näher unten Rn. 67 ff.
[15] S. u. Rn. 293.

2. Allgemeine Aufbauregeln

28   Grundsätzlich gilt, dass der Aufbau von der jeweiligen Fallfrage abhängig ist. Deren Vorgaben sind damit Ausgangs- und Fixpunkt der Darstellung. Ist hingegen keine klare Prüfungsreihenfolge zu entnehmen, weil etwa nur nach der Rechtslage oder den Erfolgsaussichten eines Rechtsbehelfs gefragt ist, sind ein paar allgemeine Aufbauregeln zu beachten.

29   – **Zulässigkeit vor Begründetheit**: Das betrifft zunächst den sich aus der prozessualen Logik ergebenden Vorrang der Zulässigkeits- vor der Begründetheitsprüfung. Die Zulässigkeitsprüfung betrifft die Voraussetzungen, deren Vorhandensein notwendige Bedingung für den Einstieg in die Begründetheitsprüfung ist. Eine Klage kann deshalb zwar zulässig, aber unbegründet sein, niemals hingegen unzulässig, aber begründet. Die Zulässigkeit kann deshalb auch niemals dahinstehen. Insoweit ist hinsichtlich der Erforderlichkeit eines Hilfsgutachtens zu bedenken, dass im Falle der Unzulässigkeit regelhaft hilfsweise die Begründetheit zu erörtern ist.

30   – **Formelle vor materieller Prüfung:** Ähnlich verhält es sich mit dem Vorrang der formell-rechtlichen vor der materiell-rechtlichen Prüfung. Das Vorhandensein der formellen Anforderungen öffnet erst das Tor zur Prüfung der materiellen Voraussetzungen. Allerdings ist hinsichtlich der formellen Prüfung häufig eine knappe Darstellung angebracht. In der Situation drängender Zeitnot, die den Vortrag kennzeichnet, sollten daher Ausführungen nur insoweit erfolgen, wie sich aus dem Sachverhalt Anhaltspunkte für Probleme ergeben.

31   – **Vorrang der Tatbestandsmerkmalsprüfung:** Innerhalb der Prüfung einer Norm ist es unerlässlich, vor der eigentlichen rechtlichen Subsumtion zunächst einmal die tatbestandlichen Voraussetzungen zu klären. Insbesondere sind unbestimmte Rechtsbegriffe darzulegen und die gängigen Definitionen anzubieten. Erst auf dieser Grundlage kann der gegebene Sachverhalt der ausgewählten Norm zugeordnet werden.

32   – **Normenhierarchie und Anwendungsvorrang:** Namentlich im öffentlichen Recht kann der Normenhierarchie eine besondere Bedeutung zukommen, weil sich aus ihr ergibt, wie im Falle widersprüchlicher Aussagen regelhaft zu verfahren ist. So wird eine die Verfassung konkretisierende, dabei aber von deren Vorgaben abweichende Vorschrift grundsätzlich im Wege der verfassungskonformen Auslegung auf den konstitutionellen Boden zurückzuführen sein. Im Übrigen ist im Falle einer Normenkonkurrenz häufig die Frage nach dem Anwendungsvorrang zu stellen, also zu klären, ob eine Vorschrift eine andere verdrängt. Noch bedeutsamer ist allerdings der methodische Grundsatz, nach dem eine Normenkonkurrenz anhand der Spezialität aufgelöst werden kann: Lex specialis derogat legi generali. Spezieller in diesem

Sinne ist eine Norm dann, wenn sie einerseits mit der konkurrierenden Vorschrift den Anwendungsbereich teilt, andererseits aber im Vergleich zu dieser weitere Voraussetzungen enthält. Darüber hinaus kann ein Vorrangverhältnis in zeitlicher Hinsicht begründet werden, denn grundsätzlich ist von einem Vorrang der jüngeren Norm auszugehen: Lex posterior derogat legi priori.

3. Die Auslegung von Normen

Auch in der Vortragssituation ist damit zu rechnen, dass die anzuwendenden Normen nicht aus sich heraus verständlich, eindeutig und zweifelsfrei sind, sondern eines interpretierenden Nachvollziehens bedürfen.[16] Um auszuschließen, dass die somit erforderliche Gesetzesauslegung subjektiv oder gar willkürlich erfolgt, sind in der Rechtsmethodik verschiedene Auslegungsmethoden entwickelt worden,[17] die bei der Fallbearbeitung zu berücksichtigen sind.   **33**

Ausgangs- und wichtigster Orientierungspunkt ist dabei der Normtext; grundsätzlich bildet der Wortlaut zugleich die Grenze jeder Auslegung. Wo allerdings der Wortlaut gerade nicht weiterhilft, ist auf die Historie und Genese des Gesetzes, dessen Systematik und Teleologie abzustellen. In historischer Perspektive kann entsprechend eine Klärung einerseits mit Blick auf den geschichtlichen Hintergrund, andererseits auch mit Blick auf das konkrete Gesetzgebungsverfahren versucht werden. Beides dürfte indes in der Vortragssituation – also ohne die Möglichkeit der Zuhilfenahme entsprechender Dokumentationen – kaum möglich sein.[18]   **34**

Das bedeutet eine Konzentration auf die Gesetzessystematik und den Gesetzeszweck. Die systematische Auslegung verlangt insoweit einen vergleichenden Überblick: Die konkret auslegungsbedürftige Norm ist in den Kontext des jeweiligen Normenkomplexes zu stellen. Geboten ist damit im Wesentlichen eine überblickshafte Lektüre der benachbarten Normen; deren Zusammenspiel wirft oftmals ein erhellendes Licht auf das allein anhand einer einzigen Norm nicht zu lösende konkrete Auslegungsproblem. Von besonderer Bedeutung ist schließlich auch die Frage nach dem Sinn und Zweck des Gesetzes. Dieser kann zwar in der Vortragssituation seinerseits nur anhand des Gesetzeswortlauts und der Gesetzessystematik (bzw. auch der Gesetzgebungsgeschichte) erkannt wer-   **35**

---

[16] Überspitzt, aber wohl nicht ganz unzutreffend *Gast*, Juristische Rhetorik, Rn. 248: „Gesetzestexte sind, für sich genommen, wahrscheinlich unverstehbar."

[17] Dazu nur *Larenz/Canaris*, Methodenlehre, S. 141 ff.

[18] Deshalb erübrigen sich hier auch Ausführungen zur Unterscheidung von subjektiver und objektiver Auslegungsmethode. Dazu *Larenz/Canaris*, Methodenlehre, S. 137 ff.

den. Soweit es aber gelingt, ihn zu erkennen, kann mit Hilfe der teleolo-
gischen Auslegung häufig eine Entscheidung in strittigen Fragen herbei-
geführt werden, wenn eine Auslegungsalternative ersichtlich dem Gesetzeszweck besser dient.

V. Typische juristische Argumentationsmuster

36   Neben dem Aufbau ist für die Bewertung insbesondere die argumentative Auseinandersetzung mit den durch die in Rede stehende Sachverhaltskonstellation aufgeworfenen rechtlichen Streitfragen der Beteiligten entscheidend. Jede Aufgabenstellung enthält eine Anzahl von Problemen, mit denen der Ersteller das Wissen, vor allem aber die Argumen-
tationsfähigkeit der Kandidaten prüfen will.[19]

Ziel der Argumentation ist es, etwas zuvor Fragliches fraglos zu stellen,
also Unsicherheit in Sicherheit umzuwandeln. Im konkreten juristischen
Argumentationsprozess geht es regelhaft darum, die sich aus der notwendigen Mehrdeutigkeit normativer Aussagen ergebenden Varianten zu einer Seite hin aufzulösen. Als Mittel dazu dienen Argumente, deren Eigenart sehr verschieden sein kann („stark" oder „schwach"; „abstrakt" oder
„konkret"; „sachbezogen" oder „formal"; „deskriptiv" oder „normativ"
usw.), die sich aber jedenfalls hinsichtlich einiger typischerweise im juristischen Kontext verwendeter Formen systematisieren lassen:[20]

37 – **Gleichheitsschluss** (argumentum e simile): Wenn ein vergleichbar ge-
lagerter Fall bereits entschieden ist oder die spezifische Unsicherheit
aus einem anderen Grunde nicht aufweist – bspw. im Normtext klarer
formuliert ist – spricht viel dafür, auch im Ergebnis einen Gleichlauf anzunehmen, weil anderenfalls ein Widerspruch in die Rechtsordnung
hineingetragen würde.

38 – **Umkehrschluss** (argumentum e contrario): Auf der anderen Seite
kann aber auch gerade die Tatsache, dass ein Unterschied bspw. in der
Normformulierung vorliegt, als Indiz für eine Ungleichbehandlung
angesehen werden. Ansatzpunkt der Argumentation ist dann nicht die
Ähnlichkeit, sondern die Differenz; Ziel ist nicht der Gleichlauf, sondern die unterschiedliche Behandlung.

---

[19] S. etwa das frühere Merkblatt zum mündlichen Teil der (dort inzwischen wieder abgeschafften) Pflichtfachprüfung des Landesjustizprüfungsamtes Niedersachsen (in der Vorauflage, S. 144 ff, abgedruckt): „Dem Prüfling steht ein weiter Bearbei-
tungsspielraum zu. Bei einer kontrovers behandelten rechtlichen Problematik soll
der Prüfling nach einer argumentativen Auseinandersetzung zu einem sinnvollen Ergebnis gelangen, wobei auf eine methodisch reflektierte Begründung Wert zu legen
ist."
[20] Ausführlich zum Argumentationsvorgang *Gast*, Juristische Rhetorik,
Rn. 255 ff.; *Haft*, Juristische Rhetorik, S. 93 ff.

– **Erst-Recht-Schluss** (argumentum a fortiori): Erst-Recht-Schlüsse **39**
 sind gleichermaßen als solche nicht auf ein bestimmtes Ergebnis fi-
 xiert. Sie stellen gewissermaßen eine Spezialform des Gleichheits-
 schlusses dar. Aus der anders gearteten Regelung wird hier der
 Schluss gezogen, wenn es schon dort so sei, müsse dasselbe Ergebnis
 erst recht in dem in Frage stehenden Fall erreicht werden. Auch hier
 ist aber stets die Möglichkeit mitzubedenken, dass die Ungleichbehandlung gewollt ist, also kein Erst-Recht-, sondern ein Umkehrschluss in Betracht kommt.[21]

VI. Insbesondere: Meinungsstreitigkeiten

Es ist natürlich außerordentlich zu begrüßen, wenn die Kandidaten zu **40**
einer bestimmten juristischen Fragestellung (beispielsweise den europa-
rechtlichen Ingerenzen auf die Rücknahme eines Verwaltungsaktes[22]) verschiedene vertretene Auffassungen kennen. Gleichwohl erscheint es insbesondere in der Situation des mündlichen Vortrags unglücklich, diese im
Sinne eines klassischen „Meinungsstreits" zu präsentieren. Eine Darstellung in der Reihenfolge „eine Ansicht – andere Ansicht – Streitentscheid"
führt schon im Schriftlichen häufig zu einer weitgehend verfehlten Personalisierung unter Vernachlässigung der Sachargumente. Sie ist namentlich in einem mündlichen Vortrag ungünstig. Stattdessen ist es erforderlich, den Streitstand in die sachliche Prüfung zu integrieren.

Zunächst sollte daher abstrakt das Problem aufgeworfen und erklärt
werden, warum sich eine einfache Lösung verbietet.

Beispiel:[23] „… *Es erscheint angesichts der Vergleichbarkeit der Ausgangssituationen zunächst nahe liegend, hier § 113 Abs. 1 S. 4
VwGO entsprechend anzuwenden.*"

Hieran anknüpfend sind die Argumente darzustellen, die für oder gegen eine bestimmte Lösungsvariante sprechen, und erst auf dieser Basis
können die einzelnen Überlegungen einander gegenübergestellt und ge-
wichtet werden.

Beispiel:[24] „*Teilweise wird dies jedoch mit dem Argument abgelehnt,
… . Es erscheint aber aus mindestens drei Gründen zweifelhaft, ob
dieser Ansicht gefolgt werden kann: …*"

---

[21] S. unten Rn. 246.
[22] Dazu unten Rn. 223 ff.
[23] S. u. Rn. 309.
[24] S. u. Rn. 309 f.

Regelmäßig lassen sich dabei dem Sachverhalt verwendbare Informationen entnehmen, mit deren Hilfe man zu einem nachvollziehbar begründeten und damit in der Sache nicht angreifbaren Schluss gelangen kann.

41 | Gerade in strittigen Fragen ist für die Bewertung nicht so sehr das Ergebnis als die diesem zugrunde liegende Argumentation entscheidend. Natürlich sollen Sie zu einer vertretbaren (also nicht völlig abwegigen) Lösung kommen. Zentrale Bewertungsgrundlage Ihres Vortrags ist jedoch (fast ausschließlich) der dazu beschrittene Weg. Erwartet und bewertet werden ein stringenter Aufbau und eine argumentative Auseinandersetzung mit den wesentlichen Problemen des Falls (und auch nur diesen!) anhand des Gesetzes an der systematisch richtigen Stelle. Das gilt auch für sog. Meinungsstreitigkeiten: Es interessiert nicht die Meinung als solche, sondern die sie begründenden Argumente und deren Verhältnisse zu den Argumenten der Gegenansicht.

B. Besonderheiten bei (rein) thematischen Aufgabenstellungen

42   Während den Examensklausuren fast ausschließlich Fallkonstellationen zugrunde liegen, kann es dem Prüfer in der Situation des mündlichen Vortrags attraktiv erscheinen, nicht (nur) einen Fall lösen zu lassen, sondern (zusätzlich) eine thematische Aufgabenstellung zu verwenden. In Sachsen-Anhalt ist sogar stets eine solche „offene" Aufgabenstellung vorgesehen; im Übrigen ist sie jedenfalls nicht ausgeschlossen.[25]

Im Grundsatz gilt dazu das oben allgemein zum mündlichen Vortrag Gesagte entsprechend: Die Kandidaten sollten die Themenstellung als Chance begreifen, sich ohne die Zwänge eines aufgrund bekannter dogmatischer Prüfschemata vorgegebenen Lösungsweges durch die Wahl einer eigenen stringenten Darstellungsform profilieren zu können. Auch insoweit sind allerdings einige generelle Punkte beachtenswert.

I. Besonderheiten des Aufbaus

43   Bei thematischen Aufgabenstellungen sind die Kandidaten grundsätzlich nicht in das enge „Korsett" der herkömmlichen Dogmatik eingebunden. Es steht ihnen grundsätzlich frei, welchen Aufbau sie ihrem Vortrag zugrunde legen. Die eine richtige Aufbauvariante gibt es hier nicht; stattdessen ist nicht nur eine starke Abhängigkeit von der konkreten Themenstellung gegeben, sondern auch innerhalb ein und derselben

---

[25] S. die im Anhang abgedruckten Hinweise der jeweiligen Landesjustizprüfungsämter.

Aufgabenstellung können durchaus unterschiedliche Herangehenswei-
sen jeweils zielführend und damit „richtig" sein.

Das bedeutet allerdings nicht, dass es keinerlei zu beachtende Aufbauregeln gibt. Zunächst ist gerade hier bereits in formaler Hinsicht eine
strikte Orientierung an der Aufgabenstellung erforderlich. So ist es von
essentieller Bedeutung, die aufgeworfenen Fragen auch tatsächlich zu
beantworten. Ebenso sollte im Grundsatz die vorgegebene Reihenfolge
eingehalten werden.

Jenseits dessen stellen offene Themenstellungen in inhaltlicher Hin- **44**
sicht besondere Anforderungen an die Kandidaten insoweit, als es nunmehr diesen obliegt, sich vorab darüber klar zu werden, welche Fragestellungen und Themenkomplexe von der Aufgabenstellung umfasst
werden.

Erste und wichtigste Aufgabe ist es daher, letztere genau zu analysie-
ren und eine Entscheidung darüber zu treffen, welche Punkte in der zur
Verfügung stehenden Zeit angesprochen werden können (und müssen).
Auf Basis dieser notwendigen ersten Auswahl kann sodann der eigentliche Aufbau des Vortrags in Angriff genommen werden.

Typischerweise wird dabei der Vortrag mit einer Skizzierung des
Problems einzuleiten sein. Sinnvoll erscheint es des Weiteren, im Anschluss hieran das eigene Vorgehen kurz zu erläutern, ohne damit aber
die eigentlichen Erörterungen vorwegzunehmen. Zumindest sollten an
dieser Stelle nicht nur das angestrebte Erkenntnisziel des Vortrages, sondern auch – in groben Umrissen – die dorthin führenden Schritte deutlich
werden.

Beispiel:[26] *„Mein Vortragsthema ist die verfassungsrechtliche Stellung des Bundeskanzlers in der politischen Ordnung der Bundesrepublik Deutschland. Zunächst gehe ich auf die Frage ein, welche verfassungsrechtlichen Aspekte für und welche gegen die Bezeichnung
„Kanzlerdemokratie" sprechen. Anschließend erörtere ich die Bedeutung und Funktion von konstruktivem Misstrauensvotum und Vertrauensfrage."*

Diese gilt es sodann im Einzelnen mit Leben zu füllen. Am Ende des
Vortrags steht – anders als bei einer Fallbearbeitung – nicht unbedingt
ein klares Ergebnis. Soweit dies möglich ist, sollte aber das Gesagte abschließend noch einmal zusammengefasst werden.[27]

---

[26] S. u. Rn. 97.
[27] Dazu noch unten Rn. 78.

II. Eigenarten der Argumentation

45   Im Wesentlichen lassen sich die oben genannten juristischen Argumentationsformen auch bei rein themenbezogenen Aufgabenstellungen verwenden. Unterschiede ergeben sich indes aus der fehlenden Fallbezogenheit. Während dort stets mit Blick auf den konkreten Sachverhalt argumentiert werden sollte, ist hier eine abstrakte Erörterung geboten. Das bietet Chancen, birgt aber auch Risiken: Gerade in der abstrakten Erörterung muss der Kandidat deutlich machen, dass ihm die Konsequenzen der einen oder anderen Vorgehensweise durchaus bewusst sind. Die grundsätzliche Anwendungsorientiertheit der Rechtswissenschaft bedeutet insoweit zwar keineswegs, dass eine Entscheidung erst gefunden („hergestellt") und dann begründet („dargestellt") wird.

Die argumentative Auseinandersetzung darf aber gleichwohl nicht unter völliger Lösung von der Realität betrieben werden, sondern muss die potenziellen Folgen transparent halten. Um einerseits die Anschaulichkeit des Gesagten zu gewährleisten, andererseits aber die Praxisbezogenheit aufzuzeigen, kann es sich als außerordentlich hilfreich erweisen, die eigene Vorgehensweise an Beispielsfällen zu erläutern.[28] Dies sollte auch dort in Betracht gezogen werden, wo es die Aufgabenstellung selbst nicht ausdrücklich verlangt.

C. Formale Vorgaben und Hilfestellungen zur richtigen Präsentation

I. Die Bedeutung des Vortragsstils

46   Hilfreiche, auch für die anderen Bundesländer durchaus übertragbare Hinweise bezüglich der Bedeutung des Vortragsstils finden sich in den nordrhein-westfälischen „Weisungen für den Vortrag in der staatlichen Pflichtfachprüfung":[29]

„I.

Durch den Vortrag sollen die Prüflinge zeigen, dass sie befähigt sind, nach kurzer Vorbereitung in freier Rede eine juristische Problemstellung zu präsentieren sowie hierzu Position zu beziehen und diese unter richtiger Schwerpunktsetzung argumentativ zu begründen. Die Aufgabenstellung für den Vortrag wird dem Bürgerlichen Recht, dem Strafrecht oder dem Öffentlichen Recht, jeweils unter Einschluss der dazugehörenden Verfahrensrechte, entnommen. Es gibt Fallvorträge und Themenvorträge. Die Aufgabenstellung

---

[28] S. etwa unten Rn. 305 ff.
[29] http://www.olg-duesseldorf.nrw.de/aufgaben/pruefungsamt/06jpa-a-z/06muendliche_pruefung/06weisungen_vortrag/index.php (17.4.2018).

wird den Prüflingen am Prüfungstag übergeben. Die Vorbereitungszeit beträgt eine Stunde.

Der Vortrag soll bei einem Fallvortrag aus einer rechtlichen Würdigung in freier Rede bestehen. Bei einem Themenvortrag soll die Problemstellung strukturiert aufgearbeitet werden. Den Prüflingen bleibt es freigestellt, ob und ggf. in welchem Umfang sie dem Vortrag eine Wiedergabe des Sachverhalts bzw. der Themenstellung voranstellen. Die Einzelheiten für die Bearbeitung ergeben sich aus dem Aufgabentext, insbesondere aus einem möglichen Bearbeitervermerk. Sowohl Vortragsform als auch Vortragsinhalt fließen in die Beurteilung ein.

II.

Zur Vorbereitung des Vortrags dürfen nur die zur Verfügung gestellten Gesetzessammlungen als Hilfsmittel benutzt werden. Zugelassene Hilfsmittel sind: Schönfelder nebst Ergänzungsband, Sartorius I, v. Hippel/Rehborn. Ohne Rücksicht auf den Zeitpunkt des im Fall erfassten Geschehens sind die gesetzlichen Vorschriften in der Fassung anzuwenden, die in den jeweils zur Verfügung gestellten Gesetzessammlungen abgedruckt ist, soweit sich nicht aus dem Bearbeitervermerk etwas anderes ergibt.

III.

Beim Vortrag können die Prüflinge Stichwortzettel benutzen. Das Ablesen einer schriftlichen Ausarbeitung entspricht nicht den Anforderungen an einen freien Vortrag (siehe Ziff. I). Der Vortrag darf die Dauer von 12 Minuten nicht überschreiten; er wird nach Ablauf dieser Zeit abgebrochen. Den Prüflingen werden während und nach dem Vortrag keine Fragen zur Ergänzung oder Klarstellung ihrer Ausführungen gestellt. Der Sachverhalt ist dem/der Vorsitzenden des Prüfungsausschusses im Anschluss an den Vortrag auszuhändigen."

Die hier sogar an erster Stelle genannte „Vortragsform" ist also keineswegs ein hinter den „Vortragsinhalt" zurücktretendes Beurteilungskriterium, sondern die gelungene Präsentation stellt ein erhebliches, beurteilungs- und damit benotungsrelevantes Qualitätsmerkmal dar.[30]   **47**

Und dies zu Recht, besteht doch die besondere Problematik eines Vortrags gerade darin, in der vorgegebenen knappen Zeit eine vergleichsweise komplexe Materie ohne unzulässige Simplifizierungen, aber dennoch verständlich und anschaulich darzulegen. Das setzt neben der inhaltlichen Auseinandersetzung auch eine gewisse Erfahrung mit der formalen Präsentationstechnik voraus. Der Vortragende spricht weder mit noch vor, sondern zu den Prüfern. Seine Aufgabe ist daher keine bloße Selbstdarstellung, sondern es gilt das in der Aufgabenstellung ent-

---

[30] S. a. die Hinweise zum Aktenvortrag des Gemeinsamen Juristischen Prüfungsamts der Länder Berlin und Brandenburg (im Anhang abgedruckt): „Mit dem Vortrag soll dem Prüfling die Möglichkeit gegeben werden, auch seine rhetorischen Fähigkeiten unter Beweis zustellen."

haltene Sachproblem so zu entfalten, dass die Aufmerksamkeit der Adressaten, also der Prüfer, sichergestellt ist. Hilfreich kann es insoweit
sein, sich in deren Position zu versetzen.

48   Das bedeutet im Wesentlichen zweierlei: Erstens handelt es sich zwar
naturgemäß um einen juristisch vorgebildeten Zuhörerkreis. Gleichwohl
verlangt es die spezifische Prüfungssituation, prinzipiell alle aufgeworfenen Rechtsfragen umfassend zu beantworten, ohne scheinbar „einfache"
Punkte auszulassen. Die aus Gründen der Zeitknappheit gebotene Reduk-
tion des Stoffes darf daher nicht damit begründet werden, keine Eulen nach
Athen tragen zu wollen. Den Prüfern muss stattdessen klar werden, dass
der Prüfling nur das auslässt, was ersichtlich unproblematisch ist. Zweitens hören die Prüfer eine Reihe von Vorträgen hintereinander. Sie werden
daher außerordentlich dankbar sein, wenn Vorträge nicht pauschal nach
„Schema F" ablaufen, sondern individuell auf die Aufgabenstellung bezo-
gen, in der Sache konzentriert und in der Darstellung ebenso konzis wie
in der Vortragsgestaltung lebhaft sind.

Das alles ist wiederum weitgehend Übungssache. Die folgenden Hinweise dienen daher zum einen der Selbstkontrolle. Sie sind aber im
Sinne der intendierten gruppendynamischen Lernstrukturen insbesondere auch geeignet, der Fremdkontrolle durch die zuhörenden Kommilitonen ein Gerüst zu geben bzw. deren Aufmerksamkeit auch auf scheinbar „unjuristische" Details zu lenken.

49 | Verschwenden Sie nicht Ihre knappe Übungszeit durch unkritische
Kommentare, sondern weisen Sie sich gegenseitig auf noch bestehende Fehler hin. Nur so können Sie diese erkennen und an ihnen
arbeiten! Ehrlichkeit und (weitgehende) Schonungslosigkeit sollten
die Maximen wechselseitiger Überprüfung sein.

II. Allgemeines zur Präsentationstechnik

50   Der Vortrag bedeutet insoweit eine erhebliche Erweiterung im Vergleich zur Klausur, als der Prüfling dem Prüfer nicht nur in Gestalt einer
– mehr oder weniger ordentlichen, mal eher schlecht, mal eher gut les-
baren – Ansammlung von Seiten bzw. als anonyme Prüfungsnummer,
sondern als Person gegenübersteht. Da der Vortrag gerade auch darauf
abzielt, die Fähigkeiten der angehenden Juristen zur eigenständigen Präsentation zu überprüfen, stellt es insoweit auch keineswegs eine Fehl-
einschätzung dar, wenn die Bewertung auch auf nicht unmittelbar in-
haltsbezogene Kriterien gestützt wird. Im Übrigen ist aber ein in sich
stimmiger und gelungener Vortrag auch der beste Garant dafür, dass die

inhaltliche Botschaft beim Zuhörer ankommt. Dementsprechend ist der Gesamteindruck von besonderer Bedeutung.

Insoweit lassen sich durchaus Kriterien ausmachen, anhand derer in formaler Hinsicht – also ohne Bezug auf den Inhalt des Gesagten – das Gelingen des Vortrags beurteilt werden kann. Diese lassen sich grob in zwei Kategorien unterteilen: in nonverbale Kriterien und verbale Kriterien.[31] Während letztere später ausführlicher behandelt werden sollen, können erstere bereits an dieser Stelle vorgestellt werden.

1. Nonverbale Kriterien

a) Hörbare Kriterien („Auditiver Eindruck")

Zu den hörbaren Kriterien zählen insbesondere der Stimmklang und **51** die Stimmlage, die Aussprache sowie die Betonung. Das betrifft dann etwa die Phonation, also die Problematik, ob die Stimme z. B. heiser, unterspannt, überhöht o. ä. klingt. Weiterhin gehört hierher auch die Beachtung der Artikulation. Diese kann z. B. undeutlich sein, übertrieben exakt, aber auch zu stark dialektal erscheinen. Hinsichtlich der Intonation ist etwa darauf zu achten, ob sie monoton, gekünstelt oder überbetont wirkt; darüber hinaus ist auf die Lautstärke und Lautstärkevariationen (zu leise, zu laut, zu gleichbleibend) zu achten. Sprechgeschwindigkeit und Pausensetzung (zu langsam, zu schnell, zu seltene, zu häufige Pausen, zu lange bzw. zu kurze Pausen) sollten an dieser Stelle ebenso Beachtung finden wie Sprechmelodie und Stimmsenkungen (bspw. zu gleichförmig, keine/zu seltene Stimmsenkungen).

Allgemein gilt in allen Fällen: Das Bemühen um eine korrekte Vor- **52** tragsweise darf nicht zu einer verkrampften Überinterpretation führen. Ein gelungener Vortrag erscheint auch sprachlich leicht, der Eindruck des Verspannten, Erzwungenen droht anderenfalls sich auf die Zuhörer zu übertragen. Letztlich kommt es daher vor allem darauf an, einen unangestrengten, aber auch nicht allzu lockeren Vortragsstil zu finden, der insbesondere auch den eigenen Sprachgewohnheiten entgegenkommt. Es bringt wenig, sich vollkommen umstellen zu wollen. Auf der anderen Seite bedeutet das indes nicht, dass nicht gegen bestimmte, störende Auffälligkeiten wie beispielsweise Verlegenheitslaute („äh", „hm"), hörbare Atmung, Lippengeräusche („Schmatzen") und ähnliches vorgegangen werden sollte.[32]

Ein spezielles Problem stellt in diesem Zusammenhang die dialektale **53** Sprache dar. Es mag einem ungerecht erscheinen, ist aber wohl unbe-

---

[31] S. zum folgenden etwa *Wagner*, Grundlagen der mündlichen Kommunikation, S. 33 ff.
[32] Dazu noch unten Rn. 56.

streitbar: Wer einen sehr starken Dialekt spricht, wird es in einer mündlichen Prüfungssituation deutlich schwerer haben. Das hängt vermutlich damit zusammen, dass Dialekt mit Provinz assoziiert wird und zudem in einer stark auf die Hochsprache rekurrierenden Disziplin als außen stehend empfunden wird.[33] Es kann aber auch ganz simpel deshalb problematisch sein, weil der Dialekt unter Umständen dem Zuhörer das Verständnis erschwert. Man sollte sich deshalb jedenfalls um eine Annäherung an das Hochdeutsche bemühen.

b) Sichtbare Kriterien ("Visueller Eindruck")

54   Der Prüfer nimmt den gesamten Menschen wahr. Es ginge deshalb fehl anzunehmen, dass es nur auf die auditiven Eindrücke ankäme. Der Vortrag ist keine Tonbandaufnahme, sondern besitzt auch eine starke visuelle Komponente. Von Bedeutung sind insoweit insbesondere Körperhaltung und Blickrichtung des Prüflings. Je nach Prüfungsamt beziehungsweise Prüfer wird der Vortrag im Sitzen oder im Stehen gehalten werden. Es bietet sich an, sich hierüber nach Möglichkeit zu informieren, um dies bei der eigenen Vorbereitung berücksichtigen zu können. Unabhängig davon sollte in der wechselseitigen Kontrolle darauf geachtet werden, ob das jeweilige Auftreten eher angestrengt bzw. überspannt, (übertrieben) lässig oder unruhig wirkt.

Von besonderer Bedeutung ist darüber hinaus der Augenkontakt mit dem Prüfungsgremium. Jeder Prüfling sollte sich darum bemühen, nicht nur einen, sondern alle Prüfer während des Vortrags anzuschauen. Für die Übungsphase bedeutet das, sich zu vergewissern, ob überhaupt ein Blickkontakt vorhanden ist, ob er ausweichend, zu kurz, fixierend o. ä. ist. Beachtenswert ist zudem die individuelle Gestik und Mimik. Da hier die Gefahr besteht, allzu exaltiert zu erscheinen, sollte prinzipiell Zurückhaltung geübt werden,[34] was aber nicht bedeutet, dass etwa bei der Begrüßung nicht gelächelt werden darf.

55   Interesse verdient daneben auch die sog. Proxemik, d. i. das Verhalten im Raum und die gewahrte Distanz zu anderen. Hier wird zwar typischerweise ein Tisch einen gewissen Mindestabstand sicherstellen, dennoch empfiehlt sich weder ein diesen Abstand einengendes Vorlehnen noch ein gleichsam fliehendes extremes Zurücklehnen im Stuhl.

---

[33] Ähnliches kann in anderen Lebenssituationen natürlich für den gelten, der in einer – in den Augen seiner Mitmenschen – unangebrachten Situation Hochdeutsch spricht.

[34] Umgekehrt sollte auch nicht krampfhaft versucht werden, aus der Mimik/Gestik der Prüfer Rückschlüsse auf deren Wohlwollen zu ziehen.

Zu den sonstigen visuellen Auffälligkeiten zählen z. B. eine deutlich erkennbare Hochatmung bzw. Mundeinatmung, aber auch ganz allgemein das Aussehen, insbesondere die Kleidung und die Frisur. Insoweit erscheint es beinahe zu selbstverständlich, um es zu erwähnen, dass ein prüfungsadäquates Erscheinungsbild gepflegt werden sollte. Auch wenn an sich nichts gegen sie einzuwenden sein mag, können das knallrote Kostüm oder die schreiend bunte Krawatte doch geeignet sein, jedenfalls ein wenig eigentlich für den Vortrag vorgesehene Aufmerksamkeit des Prüfers zu absorbieren. Das allein disqualifiziert sie für den Einsatz in der mündlichen Prüfung. Es gibt bessere Gelegenheiten, den individuellen Modevorlieben zu frönen als ausgerechnet diese Prüfungssituation.

2. Abgewöhnen störender Angewohnheiten

Bisweilen schleichen sich in die Alltagssprache Geräusche oder auch **56**
Floskeln ein, die im persönlichen Gespräch nicht weiter stören mögen, deren übermäßiger Gebrauch in einem Vortrag aber ablenkend wirken kann. Das betrifft neben dem geradezu klassischen „Ähm" beispielsweise sonstige hörbare Auffälligkeiten (wie Schmatzgeräusche o. ä.), aber auch bestimmte wiederkehrende Sprachmuster oder störende Gesten, z. B. Lippenbeißen oder -lecken oder auch nur ein kontinuierliches Zurechtrücken der Krawatte.

Insoweit ist es zunächst erforderlich, sich dem Vorhandensein dieser unbewussten Handlungen zu stellen. Da allein diese Kenntnis indes typischerweise nicht zum Abstellen der Gewohnheit führt, empfiehlt es sich, gegebenenfalls bewusst gegenzusteuern. Dies geschieht im Wege der sog. Aversionsmethode, indem die zuvor unbewussten Vorgänge bewusst und bewusst häufig zum Einsatz gebracht werden. Regelmäßig hat das eine gewisse Selbstpathologisierung, dann aber auch Selbstimmunisierung zur Folge, weil über die bewusste Handlung die Aversion geweckt wird, die dann auch der unbewussten Handlung entgegensteht.

3. Freies Reden und Hilfsmittel, insbesondere zum Nutzen von Karteikarten

Die oben abgedruckten Hinweise des nordrhein-westfälischen Prü- **57**
fungsamtes heben gleich mehrfach auf den „in freier Rede" gehaltenen Vortrag ab; auch andernorts wird von den Prüfungsämtern ausdrücklich auf die Bedeutung der freien Rede hingewiesen.[35] Tatsächlich dürfte es

---

[35] Siehe z. B. die vom Sächsischen Staatsministerium der Justiz publizierten „Hinweise zur mündlichen Prüfung und zum Vortrag zu den Schlüsselqualifikationen in der Staatlichen Pflichtfachprüfung der Ersten Juristischen Prüfung" (im Anhang abgedruckt).

angesichts der Funktion des Vortrags, die Überprüfung der Schlüsselqualifikationen sicherzustellen, nicht fehlgehen, eine entsprechende Ge-
wichtung als länderübergreifendes Kennzeichen des mündlichen Vortrags anzusehen.

Gerade der freie, also nicht abgelesene Vortrag sollte daher auch im
Zentrum der Übungssituation stehen. Hierzu muss der eigene Gedankengang vorab so verinnerlicht werden, dass der Vortrag selbst letztlich nur
noch dem bereits gespurten Pfad zu folgen hat. Freie Rede bedeutet insoweit zwar keinesfalls ein Auswendiglernen auch noch der kleinsten Formulierung, sondern setzt auf die Fähigkeit zur spontanen Artikulation. Das
betrifft indes nur die rein sprachliche Ebene; inhaltlich sollte der Vortrag
bis in die Details soweit erarbeitet sein, dass „unterwegs" keine Überra-
schungen mehr drohen. Man könnte dies auf die knappe Formel reduzie-
ren, nur die Rede sei frei, der Gedanke dagegen gebunden.

58   Die idealtypische Ausrichtung an der freien Rede bedeutet jedoch –
auch das zeigen die oben wiedergegebenen Ausführungen – keineswegs
das Verbot jeglicher Hilfsmittel: „Beim Vortrag können die Prüflinge
Stichwortzettel benutzen"; einzig das bloße „Ablesen einer schriftlichen
Ausarbeitung" wird als nicht anforderungsadäquat erkannt. Die Kandidaten sind demnach zwar nicht gehalten, aber auch nicht prinzipiell daran gehindert, sich gedankenleitende und -stützende Überlegungen zu
notieren und in der Vortragssituation zu verwenden.

Allerdings ist Vorsicht angebracht: Es bleibt bei der Betonung der
freien Rede; zu ausführliche Stichworte erhöhen aber das Risiko des Ab-
lesens und sollten daher ebenso vermieden werden wie eine – schon zeitlich kaum machbare – ausgearbeitete schriftliche Fassung. Beides verhindert den gebotenen souveränen Umgang mit dem eigenen Konzept.
Es kann den Prüfer durchaus überzeugen, wenn das mitgebrachte Kon-
zeptpapier nur selten oder überhaupt nicht zur Anwendung gebracht
wird. Dass es aber überhaupt da ist, kann auf der anderen Seite ein Gefühl der Sicherheit vermitteln, weil nicht „ohne Netz und doppelten Boden" agiert wird, sondern im Falle eines Steckenbleibens mit einem kurzen Blick auf die notierten Stichworte der Weg zurück in die Prü-
fung/Darstellung gefunden werden kann.

59   Welche Hilfsmittel im Einzelnen benutzt werden, dürfte – sofern vom
jeweiligen Prüfungsamt zugelassen – der persönlichen Vorliebe anheim
zu stellen sein. Karteikarten besitzen insoweit gegenüber normalen Blät-
tern den Vorteil der geringeren Größe (was der Versuchung entgegen-
wirkt, besonders viel Text aufzuschreiben, und gegebenenfalls in der
Hand weniger auffällt) und sind zudem aufgrund ihres Materials leichter
zu (ver-)wenden. Sie dürfen aber umgekehrt nicht zu klein sein, weil bei
einem ca. zehnminütigen Vortrag nicht ein Dutzend kleiner Karten zum

Einsatz kommen sollte, deren ständiger Wechsel voraussichtlich sowohl den Prüfling als auch die Prüfer nervös zu machen geeignet ist.

> Finden Sie Ihren eigenen Stil, was den Einsatz von Hilfsmitteln angeht, **60** versuchen Sie aber immer wieder auch einmal, einen Vortrag völlig ohne schriftliche Notizen zu halten. Im Ernstfall sollen Sie schließlich auch die Prüfer ansehen, nicht starr auf den Zettel vor Ihnen blicken.

III. Sprachliche Gestaltung

Bekanntlich ist die Sprache das wichtigste Werkzeug des Juristen. **61** Mehr noch als in der Klausur kommt es beim Vortrag darauf an, die gefundene Lösung in sprachlich angemessener Weise zu präsentieren. Das bedeutet vor allem, stets auf die Nachvollziehbarkeit der eigenen Vorgehensweise zu achten und sich insbesondere um die Verständlichkeit des eigenen Vortrags zu bemühen. Als Faustformel kann dabei dienen: Kurze Sätze erhöhen die Verständlichkeit. Lange Sätze, die mit einer Vielzahl – unter Umständen ineinander verschlungenen – Nebensätzen unterbrochen werden und damit mehrere Informationsinhalte auf mehreren Schichten zu transportieren geeignet sind, verlangen demgegenüber ein erhöhtes Maß an Aufmerksamkeit.

Für den Zuhörer bedeutet das die Gefahr, nur einen Teil der Information aufzunehmen oder gar völlig den Faden zu verlieren. Noch stärker gilt letzteres aber für den Vortragenden. Die deutsche Sprache mit der Grundregel des erst am Satzende stehenden Verbs ist dabei wenig hilfreich, wenn es darum geht, Ungenauigkeiten zu vertuschen oder misslungene Anfänge noch aufzufangen. Wer sich daher nicht absolut sicher ist, auch am Ende eines Bandwurmsatzes noch das rettende, sinnstiftende Verb zu finden, sollte sich lieber von vornherein auf etwas kürzere Sätze beschränken. Das gilt auch und gerade für diejenigen, die in der Schriftsprache komplizierteren Satzstrukturen etwas abgewinnen können, denn nur sie sind potentiell gefährdet.

Im Übrigen hat Verständlichkeit viel mit der Sprechgeschwindigkeit **62** zu tun. Vortragen heißt deshalb auch, das eigene Sprechtempo stets zu kontrollieren. Schon bei der Erstellung der Lösungsskizze ist deshalb darauf zu achten, wie viel Zeit die einzelnen Punkte voraussichtlich in Anspruch nehmen werden. Es ist im Regelfall sinnvoller, einige wesentliche Kernaussagen langsam und verständlich zu präsentieren als sich oberflächlich und kaum nachvollziehbar durch alle denkbaren Problemfelder hindurch zu hetzen. Auch aus sprachlicher Sicht ist deshalb eine Schwerpunktsetzung unbedingt erforderlich.

1. Einsatz von Pausen und rhetorischen Stilfiguren

63   Reden ist Schweigen.

Was der Absatz im schriftlichen Text, ist die Pause im mündlichen Vortrag: Betonung des Vorgesagten, Abgrenzung zum Nachfolgenden. Gerade bei wichtigen Punkten, auf die es im weiteren Verlauf des Vortrags ankommt oder die gerade nicht selbstverständlich erscheinen, kann es deshalb angebracht sein, bewusst einen Moment lang zu schweigen. Da das menschliche Gehirn angeblich bis zu zwei Sekunden braucht, bevor eine aufgenommene Information auch wirklich verarbeitet und verstanden wurde, kann ein solches vorübergehendes Unterbrechen des Informationsflusses als überaus angenehm empfunden werden.

Deshalb sollte man sich nicht scheuen, jedenfalls zu Übungszwecken auch einmal längere Pausen in den Vortrag einzubauen. Häufig wird die Reaktion der Zuhörer zunächst in einem Nicken bestehen, das als Ausdruck der Zustimmung, vor allem aber auch des eigenen Verstehens gedeutet werden kann. Erst zu einem relativ späten Zeitpunkt wird dieser dem Gesagten nachfolgende Informationsverarbeitungsprozess beendet, und selbst dann kann durch die weitere Verlängerung der Pause noch einmal die Spannung auf das Kommende erhöht werden.

64   Vorträge, die sich in einer bloßen Aufzählung von Fakten oder Argumenten erschöpfen, sind häufig leblos und für den Zuhörer ermüdend. Aufgabe des Vortragenden ist es daher, nicht nur bei der Konzipierung auf einen das Ganze tragenden Spannungsbogen zu achten, sondern auch während des Vortrags selbst Reize zu setzen. Als ein überaus taugliches Mittel hat sich insoweit namentlich der Einsatz rhetorischer Fragen erwiesen. Selbstredend können in der Situation einer mündlichen Prüfung den Prüfern keine echten Fragen gestellt werden. Zulässig ist es hingegen, die Aufmerksamkeit der Prüfer durch „unechte", eben rhetorische, Fragen zu gewinnen, deren Beantwortung durch den Vortragenden selbst erfolgt. Allerdings sollte hiervon nur behutsam, also an wenigen prägnanten Stellen des Vortrags, Gebrauch gemacht werden.

Beispiel:[36] *„ Was aber, wenn gleichwohl die Frist bereits verstrichen ist?"*

65   Unbedingt zu vermeiden sind sprachliche Einförmigkeiten, die unabhängig vom Inhalt den vordergründigen Eindruck einer fehlenden Differenzierungsfähigkeit erwecken. Ein allzu gleichförmiger, sich stets wiederholender Satzbau wirkt schnell langweilig und ermüdend. Inte-

---

[36] S. u. Rn. 235.

ressant hingegen sind Stilmischungen, die mitunter vielleicht überraschende stilistische Einsprengsel (bspw. einen geschickt gesetzten Chiasmus[37]) aufweisen.

> **Beispiel:** *„Die Argumentation des OVG Münster ist daher wenig überzeugend. Nachvollziehbar ist demgegenüber die Begründung derjenigen Stimmen in der Literatur, die ... "*

Insgesamt ist auch innerhalb der verwendeten Satzstrukturen auf Variationen zu achten, darüber hinaus aber auch bei der Wortwahl ein Bemühen um eine angenehm-originelle Sprachwahl ratsam. Die deutsche Sprache ist reich an Synonymen und besitzt insbesondere im Bereich der Konjunktionen eine Vielzahl von zu Unrecht wenig verwendeten Ausdrücken. Gerade im juristischen Bereich ist insoweit die unselige Alleinherrschaft des Wörtchens „mithin" in Erinnerung zu rufen, gegen das zwar an sich nichts einzuwenden ist, das aber auch keinerlei Vorzüge gegenüber den weitgehend inhaltsgleichen „somit", „folglich", „daher", „damit" usw. besitzt. Ähnliches gilt für den ständigen Gebrauch der Formel „meines Erachtens". Auch eine Tendenz zu persönlichen Lieblingswörtern und -floskeln ist häufig nachteilhaft; hier gilt es, sich selbst kritisch zu hinterfragen und gegebenenfalls die Aversionsmethode in Ansatz zu bringen (wer zehnmal hintereinander bewusst formuliert hat „also ehrlich gesagt", der macht das vielleicht auch unbewusst so schnell nicht wieder).

Auf der anderen Seite kann die kunstvolle Wiederholung natürlich **66** auch selbst ein Stilmittel sein. Das betrifft insbesondere die Anapher (gleicher Satzanfang, z.B. „I have a dream") und kann bei einem gekonnten Einsatz überaus elegant wirken. Nicht hierunter fällt aber die unter Studenten verbreitete Vorgehensweise, den gebotenen Gutachtenstil dadurch zu ersetzen, dass jeder auch nur ansatzweise problematische Punkt mit einem „Fraglich ist ..." begonnen wird. Hier wird das gebotene Problembewusstsein schon auf der allerersten sprachlichen Stufe durch das langweilige, Unterschiede nivellierende Vorgehen konterkariert. Es empfiehlt sich, zumindest die Eingangsvokabel zu variieren und auch mal ein „problematisch", „zu klären" oder „zweifelhaft" einzustreuen. Noch besser ist es indes, wenn der gesamte Satzbau verändert und nach Möglichkeit auf das spezifische Geschehen zugeschnitten wird.

---

[37] Überkreuzstellung, etwa: „Ach Gott! Die Kunst ist lang,/Und kurz ist unser Leben." (*Goethe*, Faust I, in: *ders.*, Werke [Hamburger Ausgabe], Band 3, 16. Aufl. 1986, S. 25 [Zeile 558 f.]).

Beispiel: *„Nach all dem stellt sich die für die weitere Fallbearbeitung entscheidende Frage, ob ...“*

Das leitet indes bereits über zu dem Problem, ob und inwieweit im Vortrag der Gutachtenstil angebracht ist.

2. Problemkonstellationen

a) Gutachtenstil

67   Prinzipiell ist auch im Vortrag (bei Fallbearbeitungen) der Gutachtenstil zu verwenden. Diese aus den Klausuren bekannte Technik beinhaltet letztlich vor allem eine Verzögerung, die bei korrekter Anwendung einen transparenten und auch für den Bearbeiter vorteilhaften, da die Selbstkontrolle bestärkenden, Prüfungsweg garantiert. Im Wesentlichen geht es dabei darum, eine Frage aufzuwerfen, diese zu erörtern und so zu einer Antwort zu kommen. Der Zuhörer wird damit über die einzelnen Anspruchsvoraussetzungen zum Ergebnis hingeführt. Typisches Kennzeichen ist daher das Aufwerfen eines Problems im Konjunktiv, um sodann über die Definition der Tatbestandsmerkmale und die Subsumtion des Sachverhalts unter diese Merkmale zum (Zwischen-)Ergebnis zu gelangen.

Demgegenüber steht bei Verwendung des Urteilsstils das Ergebnis am Anfang der Bearbeitung. Erst im Anschluss wird die Begründung geliefert. Charakteristisch für den Urteilsstil ist demnach, dass jeder Satz mit einem „denn“ oder „weil“ an den vorangegangenen anschließen könnte. Jeder Folgesatz ist hier die Antwort auf eine gegenüber dem vorangegangenen Satz gestellte, unausgesprochen bleibende Frage: Warum? Umgekehrt gilt also, dass jeder Satz, der mit einem „denn“ oder „weil“ beginnt, nicht dem Gutachtenstil entspricht und deshalb regelmäßig vermieden werden muss. Vielmehr deuten Wörter wie „daher“, „also“, „folglich“, „deshalb“, „mithin“ oder „somit“ auf eine gutachterliche Gedankenführung hin.

68   Durch einen derartigen, durchgängig eingehaltenen Gutachtenstil verlöre indes der Vortrag nicht nur an Verständlichkeit, sondern würde voraussichtlich auch kaum innerhalb der vorgegebenen – relativ engen – zeitlichen Rahmenbedingungen auszuführen sein. Deshalb sollte Unproblematisches und Selbstverständliches im Urteilsstil dargestellt werden. Gerade in diesem Fall muss aber streng auf den Sachverhaltsbezug beachtet werden.[38] Damit wird zugleich eine inhaltliche Prüfungsleistung erbracht: Denn der Kandidat zeigt damit nicht nur, dass er beide Stilarten beherrscht und zu verbinden versteht, sondern zugleich, dass er

---

[38] S. z. B. unten Rn. 261 ff.

Wesentliches von Unwesentlichem trennen und Schwerpunkte setzen kann.

Ausführliche Ausführungen sind nur an problematischen Stellen ge-   **69**
boten. Diese werden daher im Gutachtenstil untersucht. Unproblematisches können (und sollten) Sie demgegenüber kurz und prägnant
darstellen. Allerdings ist Vorsicht geboten: Nicht alles, was Sie für
unwesentlich oder unproblematisch erachten, interessiert auch den
Zuhörer nicht. Auch insoweit müssen Sie sich durch Übung an den
im jeweiligen Fallkontext gebotenen Kompromiss aus knapper Darstellung (im Urteilsstil) und ausführlicher Prüfung (im Gutachtenstil)
herantasten.

b) Verwendung der ersten Person Singular („Ich-Erzählung")

In Klausuren ist es völlig unüblich und wohl auch etwas verpönt, sich   **70**
selbst sprachlich durch die Verwendung der ersten Person Singular in
die Lösung einzubringen. Im Vortrag ist das anders: Hier erhöht es die
Lebendigkeit und damit die Verständlichkeit des Gesagten, wenn sich
der Vortragende, der ohnehin in persona vor den Prüfern steht, eine Ich-
Erzählform verwendet.[39] Das darf indes nicht dazu führen, dass die gebotene Distanz gegenüber dem Prüfungsstoff verloren geht. Die Einbrin-
gung der persönlichen Perspektive in sprachlicher Hinsicht bedeutet
keine Änderung des Maßstabs in inhaltlicher Hinsicht; das persönliche
Judiz ersetzt keinesfalls die gebotene streng dogmatisch-rationale Prüfung.

c) Fremdsprachen und Fremdwörter

Vorsicht Falle: Man braucht zwar kein Großes Latinum, um die rela-   **71**
tiv begrenzten lateinischen juristischen Sinnsprüche und Ausdrücke
wiedergeben zu können. Gleichwohl sollte man diese nur einsetzen,
wenn man sich über ihre Bedeutung und Zusammensetzung vollständig
im Klaren ist. Anderenfalls droht eine überaus peinliche Situation.[40] Wer
daher beispielsweise hervorheben möchte, dass ein Gesetz aufgrund der
enthaltenen spezielleren Regelung gegenüber einer allgemeineren Vorschrift Vorrang besitzt, kann dieses Verhältnis als eines von lex specialis
und lex generalis bezeichnen. Lex specialiter ist falsch, weil statt eines
Adjektivs ein Adverb verwendet wird, und es heißt auch nicht das oder

---

[39] Ebenso *Haft*, Juristische Rhetorik, S. 167 (mit dem allerdings mit Vorsicht
zu genießenden Ratschlag: „Man spreche nicht wie ein typischer Jurist").
[40] Ähnlich *Meyer-Mews*, NJW 2000, 916 ff. (*contra* verlangt den Akkusativ),
vgl. auch die Rezension von *Fögen* (zu F.W. Graf, Moses Vermächtnis, 2006),
Rechtsgeschichte 9 (2006), 170 (171).

der, sondern die lex, weil das Geschlecht aus der Lehnsprache übernom-
men wird. Ähnliches gilt für das Griechische: Auch hier ist neben der
Betonung (grundsätzlich auf der vorvorletzten Silbe: ArisTOteles, SOk-
rates, CHArisma) insbesondere das Geschlecht problematisch: Richtig
ist das Telos, aber der Nomos. Deshalb sollte – und das trifft in gleicher
Form auch für den Gebrauch von Fremdwörtern zu – bei auch nur leich-
ten Unsicherheiten ganz allgemein der Grundsatz beherzigt werden, im
Zweifel lieber eine deutsche Umschreibung zu wählen.

d) Normen

72   Allgemeines Kennzeichen qualitätsvollen juristischen Arbeitens und
damit auch und gerade für die Prüfung unabdingbar ist das genaue Zitie-
ren der verwendeten Gesetzesvorschriften. Dabei genügt es grundsätzlich nicht, nur den jeweiligen Paragraphen oder Artikel zu nennen, wenn
dieser aus mehreren Absätzen und Sätzen/Halbsätzen besteht und/oder
verschiedene Varianten enthält. Um den Eindruck einer unreflektierten
oder doch oberflächlichen Verwendung zu vermeiden, ist es vielmehr
unerlässlich, jedenfalls bei der ersten Bezugnahme auf die einschlägige
Norm diese in größtmöglicher Präzision anzugeben.

Auf der anderen Seite ist es – anders als in der Klausur – im Vortrag
wohl angängig, im späteren Verlauf die eingangs detailliert erwähnte
Vorschrift in einer abgekürzten Version zu nennen, weil die wiederholte
ausführliche Bezeichnung schnell ermüdend wirkt. Als Ausnahme vom
Grundsatz der freien Rede dürfte es hier zudem nicht zu beanstanden
sein, wenn eine entscheidende Norm abgelesen wird. Das gilt jedenfalls
dann, wenn es gerade auf deren genauen Wortlaut ankommt.

IV. Der Aufbau des Vortrags

1. Einstieg in den Vortrag

73   Als Einstieg in den Vortrag empfiehlt sich ein Standardsatz, den man
– anders als den restlichen Vortrag – bereits vorab verinnerlichen und
auswendig können sollte. Das befreit zwar nicht von der Verpflichtung,
die vorbereitete Formulierung an den konkreten Sachverhalt bzw. die
konkrete Themenstellung anzupassen. Es ermöglicht aber, eine gewisse
Sicherheit zu gewinnen. Zudem ist dies eine gute Gelegenheit, mit den
Prüfern Blickkontakt aufzunehmen und damit zu signalisieren, dass man
wirklich zu ihnen spricht. Schließlich wirkt es auch alles andere als souverän, wenn bereits ganz zu Beginn des Vortrags der Blick an den vorbereiteten Stichworten klebt.

74   Inhaltlich ist es natürlich vollkommen unerlässlich, das konkrete Vortragsthema zu nennen bzw. eine kurze Sachverhaltsdarstellung zu leisten.
Um die Struktur des Vortrags deutlich zu machen, kann es daneben äußerst

sinnvoll sein, dessen groben Verlauf im Vorhinein zu skizzieren. Hier kann es helfen, sich an der Aufgabenstellung zu orientieren.

> **Beispiel:** *„ Mein Vortrag gliedert sich in zwei Teile. Zunächst werde ich mich mit dem Problem auseinandersetzen ... Im zweiten Teil des Vortrags beschäftige ich mich sodann mit einer Fallkonstellation, in der diese zunächst abstrakt beschriebene Problematik praxisrelevant wird. "*

Das bedeutet allerdings nicht, völlig Selbstverständliches als beson- **75** dere Eigenart zu referieren. Wer etwa ankündigt: „Im Folgenden werde ich zunächst die Zulässigkeit der Klage des A, sodann deren Begründetheit prüfen" wird damit von den Prüfern kein zustimmendes Nicken ernten, sondern nur Unverständnis erzeugen. Und mit der Aussage „Nachfolgend prüfe ich zunächst die Ansprüche aus dem behaupteten verwaltungsrechtlichen Vertrag, dann Ansprüche aus öffentlich-rechtlicher Geschäftsführung ohne Auftrag" nimmt man bereits so viel vom Ergebnis vorweg, dass die erstrebenswerte Spannung weitgehend verloren geht. Auch für den Einstieg gilt im Übrigen, dass es auf das rechte Maß ankommt: Weder zu kurz noch zu lang, nicht zu „spritzig" oder gar mit dem Versuch eines Kalauers, engagiert, aber doch distanziert.

2. Überleitung/Hauptteil

Mit der einleitend aufgezeigten groben Gliederung des Vortrags ist **76** zugleich der Bogen zum jetzt folgenden Hauptteil geschlagen. Hier geht es sodann „nur noch" darum, die eingangs skizzierten Prüfungspunkte mit Leben zu füllen. Wichtig ist es gerade an dieser Stelle, einerseits den zuvor überlegten Prüfungskomplexen und Argumentationen sorgfältig nachzugehen. Für Improvisation ist es in der Regel zu spät. Andererseits befreit das aber nicht vor dem Erfordernis, den Überblick über das bereits Gesagte und die noch verbleibende Zeit zu behalten. Kaum etwas ist schlimmer als ein Vortrag, der von den Prüfern abgebrochen werden muss. Deshalb sollte man aller grundsätzlichen Orientierung am Vorbereiteten zum Trotz immer den Kernpunkt des Vortrags vor Augen haben und diesen in jedem Fall präsentieren können. Notfalls muss man dazu eben auch den Mut besitzen, relativ unproblematische Punkte (noch weiter) abzukürzen oder gar ganz wegzulassen, wenn anderenfalls der Vortrag nicht in der vorgegebenen Zeit beendet werden kann.

Diese Notsituation ist indes etwas anderes als die Standardproblematik **77** eines engen Zeitrahmens. Diesen offen zu kritisieren oder zu bedauern, wirkt unsouverän und verkennt, dass alle anderen sich in der gleichen Situation befinden. Von hilflos wirkenden, in der Sache nicht weiterführenden Zusätzen wie „das kann hier leider nicht erörtert werden" ist daher eher abzuraten. Auch die Floskel „das kann vielleicht noch Gegenstand der Diskussion sein" ist unglücklich, weil manche Prüfer sich ungern in dieser Form vorgreifen lassen. Stattdessen sollte die knappe Zeit prinzipiell kommentarlos durch die Wahl eines entsprechend (zeitlich) passenden Prüfprogramms berücksichtigt werden. Sinnvoll kann es demgegenüber sein, innerhalb des Vortrags durch bewusst platzierte Zwischenergebnisse Strukturen zu schaffen bzw. bewusst noch einmal auf die Gliederungsebenen zu verweisen.

Beispiel: *„Damit komme ich zu der Frage des Vertrauensschutzes."*

Insgesamt lassen sich jedoch für diesen Part am wenigsten allgemeine Hinweise geben, weil die konkrete Darstellungsform hier besonders stark der jeweiligen Aufgabenstellung korrespondiert. Allerdings sollten die Kandidaten darauf achten, eindeutig den Schwerpunkt bei den an dieser Stelle erforderlichen rechtlichen Ausführungen zu setzen. Weder die (knappe) Darstellung des Sachverhaltes oder der Themenstellung noch die abschließende Zusammenfassung sollten nennenswerte Zeitbudgets beanspruchen; beide haben letztlich nur dienende Funktion und einen geringen Eigenwert.

3. Ende des Vortrags

78   Das Ende des Vortrags kann, muss man aber nicht ankündigen.

Beispiele: *„Damit komme ich zum Schluss."* oder *„Ich fasse abschließend noch einmal zusammen."*

In jedem Fall sollte aber ein klar erkennbarer Abschluss am Ende des Vortrages stehen. In Fallkonstellationen muss das Gesamtergebnis präsentiert werden; bei thematischen Aufgabenstellungen können die gefundenen Ergebnisse summarisch zusammengefasst werden, im Übrigen endet der thematische Vortrag mit der letzten Aussage zur Sache.

Ferner empfehlen wir nachdrücklich, den Vortrag mit einem kurzen Dank für die Aufmerksamkeit zu beenden. Das ist nicht nur höflich und schon deshalb angebracht, sondern signalisiert auch ganz eindeutig das Ende der eigenen Ausführungen und vermeidet das für alle Seiten peinliche Gefühl eines „War's das?".

Beispiele: *„Im Ergebnis ist also die Verfassungsbeschwerde zwar zulässig, aber unbegründet. Ich danke Ihnen für Ihre Aufmerksam-*

keit." (Fallbearbeitung) oder „Damit komme ich zum Schluss zu einer zusammenfassenden Bewertung: ... Vielen Dank für Ihre Aufmerksamkeit!" (Themenstellung)[41]

V. Zeiteinteilung

Unter Zugrundelegung der in den meisten Bundesländern vorgesehe- **79**
nen 60minütigen Vorbereitungszeit ergibt sich dabei das folgende, allerdings nur als grobe, im Einzelfall variable Leitlinie zu verstehende Zeitschema:

– Lesen und Durchdenken der Aufgabenstellung, Erstellen einer Lösungsskizze: 20 Minuten,
– weitere juristische Überprüfung, Kontrollüberlegungen/-lektüre: 25 Minuten,
– ggf. schriftliche Niederlegung in Stichworten (Karteikarten o.ä.): fünf Minuten,
 abschließende Durchsicht der eigenen Aufzeichnungen, Memorieren der zentralen Formulierungen/Gliederungspunkte, nochmalige Kontrolle des Sachverhaltes: zehn Minuten.

---

[41] S. u. Rn. 236.

Kapitel 2. Fälle und Themen

Einleitende Bemerkungen

Die folgenden, unterschiedlich schwierigen Aufgabenstellungen[42] **80** sind – der Prüfungspraxis entsprechend – teilweise als reine Themenstellungen, teilweise als reine Fallbearbeitungen und teilweise als Kombination beider Formen formuliert.[43]

Die Lösungshinweise sind zum Teil ausführlicher als dies vom Vortrag in der Prüfungssituation selbst regelmäßig erwartet werden kann.[44] Die umfangreiche Darstellung soll aber einen Eindruck vermitteln, was aus der Aufgabenstellung „herauszuholen" ist. Sie ermöglicht es ferner, die eigene Lösung auf ihre Übereinstimmung mit der hier vorgeschlagenen, aber auch auf die notwendige Schwerpunktsetzung hin zu überprüfen.

Die Lösungshinweise sind grundsätzlich in Vortragsform gestaltet. **81** Die vorangestellte Gliederung dient nur der besseren Übersichtlichkeit; die einzelnen Gliederungspunkte sollten beim mündlichen Vortrag als solche nicht wiedergegeben werden. Die hier vorgenommene Einteilung in Absätze soll als bewusst gesetzte Sprechpausen wahrgenommen werden.

Soweit landesrechtliche Vorschriften einschlägig sind, sind im Text jeweils die nordrhein-westfälischen Normen genannt; die Parallelvorschriften der anderen Länder mit Kurzvortrag im Ersten Examen sind in den Fußnoten nachgewiesen.

---

[42] Die Fälle 1 bis 5 und 11 sind von *Burkiczak*, die Fälle 7 bis 10 sowie 12 und 13 von *Augsberg*, der Fall 6 gemeinsam bearbeitet.

[43] Zur Bandbreite der möglichen Aufgabenstellungen vgl. die im Anhang abgedruckten Hinweise der jeweiligen Landesjustizprüfungsämter.

[44] Siehe bereits oben die Hinweise bei Rn. 8.

Aufgabe 1: Das Rechtsstaatsprinzip

A. Aufgabenstellung

82 1. Wo ist das Rechtsstaatsprinzip im Grundgesetz verankert und welche Elemente dieses Prinzips sind dort ausdrücklich geregelt?

Erläutern Sie diese Elemente!

2. Welche weiteren, im Grundgesetz nicht ausdrücklich geregelten wichtigen Elemente kennzeichnen das Rechtsstaatsprinzip?

Skizzieren Sie kurz einige dieser Elemente!

B. Lösungshinweise

I. Vortragsgliederung

1. Ausdrücklich normierte Elemente des Rechtsstaatsprinzips
   a) Verortung
   b) Gewaltenteilung
   c) Vorrang der Verfassung
   d) Vorrang und Vorbehalt des Gesetzes
   e) Grundrechte und grundrechtsgleiche Rechte

2. Ungeschriebene Elemente des Rechtsstaatsprinzips
   a) Verhältnismäßigkeitsgrundsatz
   b) Grundsatz der Rechtsicherheit

II. Vortragsvorschlag

Sehr geehrte Damen und Herren,   **83**

das Thema meines Vortrages ist das Rechtsstaatsprinzip, wie es seinen Niederschlag im Grundgesetz gefunden hat.[45] Zunächst werde ich
die Verankerung des Rechtsstaatsprinzips und seine ausdrücklich im
Grundgesetz normierten Elemente erläutern. Anschließend werde ich
die wichtigsten im Grundgesetz nicht explizit geregelten Elemente des
Rechtsstaatsprinzips kurz skizzieren.

1. a) Zur ersten Frage: Das Rechtsstaatsprinzip ist zunächst insbeson- **84**
dere in Art. 20 Abs. 2 S.2 und Abs. 3 GG verankert. Ausdrücklich normiert
ist dort zwar nur die Ausübung der Staatsgewalt durch die drei Gewalten
Gesetzgebung, vollziehende Gewalt und Rechtsprechung, die Bindung
der Gesetzgebung an die verfassungsmäßige Ordnung und die Bindung
von Exekutive und Rechtsprechung an Gesetz und Recht.

Da es sich hierbei aber um zentrale rechtsstaatliche Forderungen handelt, ist damit zugleich klargestellt, dass es sich bei der Bundesrepublik
Deutschland nicht nur um einen demokratischen und sozialen Bundes-
staat (Art. 20 Abs. 1 GG) handelt, sondern auch um einen Rechtsstaat.[46]
Dies wird bestätigt durch die ausdrückliche Nennung dieses Staatsstruk-
turprinzips in Art. 28 Abs. 1 S. 1 GG, in dem angeordnet wird, dass die

---

[45] Zur geschichtlichen Entwicklung etwa *Pieroth*, Jura 2011, 729 ff.
[46] Entsprechend stützt das BVerfG das Rechtsstaatsprinzip auf Art. 20 Abs. 3
GG, siehe etwa BVerfGE 103, 271 (287); 109, 133 (180); 142, 123 (202, Rn. 152).

verfassungsmäßige Ordnung in den Ländern den Grundsätzen des republikanischen, demokratischen und sozialen Rechtsstaates im Sinne des Grundgesetzes entsprechen muss.

85   b) Die unmittelbare Bedeutung des Art. 20 Abs. 2 S. 2 GG liegt in der verfassungsrechtlichen Verankerung des Gewaltenteilungsprinzips.[47] Die staatliche Gewalt wird von Legislative, Exekutive und Judikative ausgeübt. Die Gewaltenteilung dient der gegenseitigen Kontrolle der Staatsorgane und damit der Mäßigung der Staatsherrschaft.[48]

Allerdings wird die Trennung der Gewalten nicht streng durchgeführt, sondern es finden durchaus auch Durchbrechungen bzw. Vermischungen statt, ohne dass dies gegen Art. 20 Abs. 2 S.2 GG verstoßen würde. Das Grundgesetz sieht vielmehr selbst solche Relativierungen der Gewaltenteilung vor, wenn es etwa die Übertragung von Rechtsetzungsbefugnissen auf Organe der Exekutive (zum Erlass von Rechtsverordnungen gemäß Art. 80 GG) ermöglicht oder es zulässt, dass Abgeordnete des Bundestages (also Mitglieder der Legislative) zugleich Mitglieder der Bundesregierung (und damit Mitglieder der Exekutive) seien können.[49]

86   c) Die unmittelbare Bedeutung des Art. 20 Abs. 3 GG liegt zum einen in der Bindung nicht nur der Regierung und Verwaltung sowie der Rechtsprechung, sondern auch des Gesetzgebers an die „verfassungsmäßige Ordnung". Dieser Begriff meint an dieser Stelle[50] alle Bestimmungen des Grundgesetzes.[51]

Für die Grundrechte ordnet bereits Art. 1 Abs. 3 GG die Bindung aller drei Staatsgewalten an. Art. 20 Abs. 3 GG geht noch darüber hinaus. Mit der Bindung des Gesetzgebers an die Verfassung eng verbunden, wenn auch nicht identisch, ist der Vorrang der Verfassung, der zur Nichtigkeit von bindungswidrig erlassenen Gesetzen führt.[52] Über die Einhaltung der Verfassung durch den Gesetzgeber wachen grundsätzlich alle Gerichte. Wie sich aus Art. 100 Abs. 1 GG ergibt, hat aber allein das

---

[47] Hierzu etwa *Voßkuhle/Kaufhold*, JuS 2012, 314 ff.

[48] BVerfGE 95, 1 (15) m.w.N.

[49] Während Art. 55 Abs. 1 GG es untersagt, dass der Bundespräsident der Regierung oder der gesetzgebenden Körperschaft des Bundes oder eines Landes angehört, fehlt es für die Mitglieder der Bundesregierung in Art. 66 GG an einem entsprechenden Verbot.

[50] Eine weitergehende Auslegung hat der identische Terminus in Art. 2 Abs. 1 GG gefunden; dort ist die Gesamtheit aller verfassungsmäßigen (auch einfachrechtlichen) Normen gemeint (BVerfGE 90, 145 [171 f.]; 104, 337 [346]).

[51] Jarass/Pieroth/*Jarass*, GG, Art. 20 Rn. 45 m.w.N.

[52] Näher Sachs/*Sachs*, GG, Art. 20 Rn. 95.

Bundesverfassungsgericht das Recht, die Verfassungswidrigkeit und Nichtigkeit formeller Gesetze festzustellen.[53]

d) Neben der Bindung der Gesetzgebung an die Verfassung ordnet **87** Art. 20 Abs. 3 GG auch die Bindung der vollziehenden Gewalt und der Rechtsprechung an Recht und Gesetz an. Mit diesem Oberbegriff sind der Vorbehalt des Gesetzes[54] und der Vorrang des Gesetzes angesprochen. Das Rechtsstaatsprinzip weist hier Berührungspunkte mit dem Demokratieprinzip auf.

„Vorbehalt des Gesetzes" bedeutet, dass weder Verwaltung noch Rechtsprechung ohne gesetzliche Grundlage agieren dürfen. Dies betrifft zunächst solche Handlungen, durch die in Rechte – nicht bloß Grundrechte – der Bürger eingriffen wird. Die Beschränkung des Gesetzesvorbehalts auf Eingriffsakte ist jedoch überholt. Auch im Bereich der Leistungsverwaltung werden rechtlich schützenswerte Interessen berührt und ist daher eine Anbindung an den unmittelbar demokratisch legitimierten Gesetzgeber gerechtfertigt. Auch hier müssen daher die für das Gemeinwesen oder für einzelne Bürger grundlegenden und wichtigen Festlegungen vom Gesetzgeber vorgenommen werden.[55] In diesem Sinne hat das Bundesverfassungsgericht den Vorbehalt des Gesetzes über den klassischen Anwendungsbereich der Eingriffe in Freiheit und Eigentum auf alle Maßnahmen ausgedehnt, die „wesentlich" für die Grundrechtsausübung sind (sog. Wesentlichkeitstheorie).[56]

„Vorrang des Gesetzes" bedeutet, dass Verwaltung und Rechtspre- **88** chung zum einen so handeln müssen, wie es die Gesetze vorschreiben, und zum anderen bei ihrem Handeln, wenn dieses Handeln nicht gesetzlich vorgeschrieben ist, nicht gegen Gesetze verstoßen dürfen.

Die beschriebenen Bestandteile des Rechtsstaatsprinzips sind dabei **89** als Grundentscheidungen auch für den verfassungsändernden Gesetzgeber verbindlich: Sowohl der Gewaltenteilungsgrundsatz als auch der Vorbehalt und der Vorrang des Gesetzes gehören aufgrund ihrer Verankerung in Art. 20 GG zu den durch Art. 79 Abs. 3 GG auch gegenüber Verfassungsänderungen besonders geschützten verfassungsrechtlichen Vorgaben.

---

[53] Dies gilt – was aber mittlerweile weitgehend ohne Bedeutung ist – nicht für vorkonstitutionelle Gesetze, also Gesetze, die schon vor Inkrafttreten des Grundgesetzes am 23. Mai 1949 (Art. 145 Abs. 2 GG) in Kraft waren (Jarass/Pieroth/*Pieroth*, GG, Art. 100 Rn. 8, 12, m.w.N.).

[54] Für dessen Verankerung in Art. 20 Abs. 3 GG etwa BVerfGE 40, 237 (248).

[55] Vgl. BVerfGE 125, 175 (223 f.) – „Hartz IV".

[56] BVerfGE 84, 212 (226); 108, 282 (312); vgl. auch BVerfGE 111, 191 (216 f.); siehe zur Entwicklung *Burkiczak*, in: Emmenegger/Wiedmann, Linien der Rechtsprechung des BVerfG, Band 2, 2011, S. 129 ff.; *Kingreen/Poscher*, Grundrechte, Rn. 315 ff.

90 e) Bei den bislang beschriebenen Elementen des Rechtsstaatsprinzips handelt es sich um primär formelle Komponenten. In materieller Hinsicht sind als weitere rechtsstaatliche Gewährleistungen zuerst die in den Art. 1 bis 19 GG ausdrücklich geschützten Grundrechte der Bürger zu nennen. Diese Grundrechte sind nicht nur, aber in erster Linie Abwehrrechte.[57] Es handelt sich insofern um subjektive Rechte der Grundrechtsträger, zu deren Beachtung alle drei Staatsgewalten gemäß Art. 1 Abs. 3 GG verpflichtet sind. Eingriffe in die jeweiligen Schutzbereich sind damit verboten, soweit diese Eingriffe nicht verfassungsrechtlich gerechtfertigt sind.

Der materielle Grundrechtsschutz wird flankiert durch die Rechtsweggarantie des Art. 19 Abs. 4 S. 1 GG, nach dem der Rechtsweg demjenigen offen steht, der durch die öffentliche Gewalt in seinen Rechten verletzt wird. Über den Anwendungsbereich des Art. 19 Abs. 4 S. 1 GG, der nur den Rechtsschutz gegen die öffentliche Gewalt betrifft, geht der ungeschriebene allgemeine Justizgewährleistungsanspruch als Ausfluss des Rechtsstaatsprinzips (Art. 2 Abs. 1 GG i. V. m. Art. 2 Abs. 1 GG) hinaus.[58]

91 Neben die Rechtsweggarantie, die das „Ob" des gerichtlichen Rechtsschutzes betrifft, treten verschiedene inhaltliche Gewährleistungen, die das „Wie" des Rechtsschutzes betreffen. Ausdrücklich im Grundgesetz angesprochen sind namentlich die grundrechtsgleichen Rechte wie das Recht auf den gesetzlichen Richter nach Art. 101 Abs. 1 GG, der Anspruch auf rechtliches Gehör nach Art. 103 Abs. 1 GG[59] und die Verfahrensrechte bei Freiheitsentzug nach Art. 104 GG. Nicht ausdrücklich genannt, aber durch das Rechtsstaatsprinzip veranlasst sind der Grundsatz des fairen Verfahrens[60] und das Gebot effektiven Rechtsschutzes.[61]

92 2. Ich komme damit zur zweiten Frage: Das Rechtsstaatsprinzip hat auch über die ausdrücklich geregelten Erscheinungsformen hinaus unmittelbar Bedeutung für die Rechtsanwendung.[62] Die beiden wichtigsten Elemente sind der Grundsatz der Verhältnismäßigkeit und der Grundsatz der Rechtssicherheit.

93 a) Im Einzelnen: Das Rechtsstaatsprinzip steht einem unverhältnismäßigen oder übermäßigen Handeln des Staates entgegen und begründet

---

[57] BVerfGE 7, 198 (204 f.); zur Schutzpflichtenfunktion der Grundrechte *Burkiczak*, JA 2005, 25 ff., m.w.N.
[58] Vgl. dazu Jarass/Pieroth/*Jarass*, GG, Art. 20 Rn. 128 ff.
[59] Dazu *I. Augsberg/Burkiczak*, JA 2008, 59 ff.
[60] Siehe Jarass/Pieroth/*Jarass*, GG, Art. 20 Rn. 137 f.
[61] Zu Beispielen Sachs/*Sachs*, GG, Art. 20 Rn. 163 f.
[62] Siehe den Überblick bei Sachs/*Sachs*, GG, Art. 20 Rn. 77 f.

für jede staatliche Maßnahme einen gesonderten Rechtfertigungsbedarf. Der Anwendungsbereich ist nicht auf das (grund-)rechtlich relevante Verhältnis zwischen Staat und Bürger beschränkt, sondern erfasst – nach allerdings umstrittener Ansicht – jedes staatliche Handeln und gilt damit auch im Bereich des Staatsorganisationsrechts.[63]

Die Anwendung des Verhältnismäßigkeitsprinzips vollzieht sich in vier Schritten. Die staatliche Maßnahme muss einem nach Maßstab der Verfassung legitimen Zweck dienen sowie zur Erreichung dieses Zweckes geeignet, erforderlich und angemessen (verhältnismäßig im engeren Sinne) sein.[64]

b) Der Grundsatz der Rechtssicherheit entfaltet sich in verschiedenen **94** Formen. Zum einen beinhaltet er das Bestimmtheitsgebot. Danach muss eine gesetzliche Ermächtigung der Exekutive hinreichend bestimmt und begrenzt sein, so dass das Handeln der Verwaltung messbar und in gewissem Ausmaß für den Staatsbürger voraussehbar und berechenbar wird.[65] Für das Strafrecht enthält Art. 103 Abs. 2 GG eine spezielle und noch strengere Vorgabe. Eng damit verbunden ist das Gebot der Normenklarheit und Widerspruchsfreiheit.[66]

Nicht zuletzt enthält der Grundsatz der Rechtssicherheit auch das Gebot **95** des Vertrauensschutzes.[67] Der Bürger soll sich auf die Beständigkeit staatlicher Regelungen und staatlichen Handelns verlassen können. Das betrifft insbesondere die Problematik der Rückwirkung. Zu unterscheiden sind hier die sog. echte und die sog. unechte Rückwirkung.

Die „echte Rückwirkung" wird teilweise auch als Rückbewirkung von Rechtsfolgen bezeichnet. Sie liegt vor, wenn ein Gesetz nachträglich ändernd in abgewickelte, der Vergangenheit angehörende Tatbestände eingreift oder wenn der Beginn ihrer zeitlichen Anwendung auf einen Zeitpunkt festgelegt ist, der vor dem Zeitpunkt liegt, zu dem die Norm durch ihre Verkündung rechtlich existent, das heißt gültig geworden ist.[68] Sie ist grundsätzlich unzulässig.[69]

Die „unechte Rückwirkung" oder auch tatbestandliche Rückanknüpfung liegt hingegen vor, wenn eine Norm auf gegenwärtige, noch nicht abgeschlossene Sachverhalte und Rechtsbeziehungen für die Zukunft einwirkt und damit zugleich die betroffene Rechtsposition nachträglich

---

[63] Einschränkend nur für den Fall, dass subjektive Rechte eines Staatsorgans in Rede stehen Jarass/Pieroth/*Jarass*, GG, Art. 20 Rn. 115.
[64] Siehe zu Anwendungsbeispielen in diesem Buch Rn. 127 ff., 152 ff., 166 ff., 282 f.
[65] Vgl. BVerfGE 108, 52 (75); 110, 33 (53 f.).
[66] Dazu Jarass/Pieroth/*Jarass*, GG, Art. 20 Rn. 89 m.w.N.
[67] Siehe dazu auch im Überblick *Voßkuhle/Kaufhold*, JuS 2011, 794 ff.
[68] BVerfGE 126, 369 (391).
[69] Zu den Ausnahmen Sachs/*Sachs*, GG, Art. 20 Rn. 134 f.

entwertet oder wenn die Rechtsfolgen einer Norm zwar erst nach ihrer Verkündung eintreten, deren Tatbestand aber Sachverhalte erfasst, die bereits vor der Verkündung „ins Werk gesetzt" worden sind.[70] Sie ist bei Beachtung des Grundsatzes der Verhältnismäßigkeit grundsätzlich zulässig, da bzw. sofern hier noch kein entsprechend schützenswertes Vertrauen aufgebaut werden konnte.[71]

Ich danke für Ihre Aufmerksamkeit.

C. Literatur zur Vertiefung

Burkiczak, Der Vorbehalt des Gesetzes als Instrument des Grundrechtsschutzes, in: Wiedmann/Emmenegger (Hrsg.), Linien der Rechtsprechung des BVerfG, Band 2, 2011, S. 129 ff.; *Detterbeck*, Vorrang und Vorbehalt des Gesetzes, Jura 2002, 235 ff.; *Erichsen*, Vorrang und Vorbehalt des Gesetzes, Jura 1995, 550 ff.; *Hobe*, Staatsrecht – Rechtsstaatsprinzip, JA 1994, 394 ff.; *Kraft*, Der Grundsatz der Verhältnismäßigkeit im deutschen Rechtsverständnis, BayVBl. 2007, 577 ff.; *Michael*, Grundfälle zur Verhältnismäßigkeit, JuS 2001, 654 ff.; *ders.*, Die drei Argumentationsstrukturen des Grundsatzes der Verhältnismäßigkeit – Zur Dogmatik des Über- und Untermaßverbotes und der Gleichheitssätze, JuS 2001, 148 ff.; *Pieroth*, Historische Etappen des Rechtsstaats in Deutschland, Jura 2011, 729 ff.; *Schlink*, Der Grundsatz der Verhältnismäßigkeit, in: Festschrift 50 Jahre BVerfG, Band II, 2001, S. 445 ff.; *Trentmann*, Die Grundlagen des Rechtsstaatsbegriffs, in: JuS 2017, 979 ff.; *Voßkuhle*, Grundwissen – Öffentliches Recht: Der Grundsatz des Vorbehaltes des Gesetzes, JuS 2007, 118 ff.; *Voßkuhle/Kaufhold*, Grundwissen – Öffentliches Recht: Das Rechtsstaatsprinzip, JuS 2010, 216 ff.; *Voßkuhle/Kaufhold*, Grundwissen – Öffentliches Recht: Vertrauensschutz, JuS 2011, 794 ff.; *Voßkuhle/Kaufhold*, Grundwissen – Öffentliches Recht: Der Grundsatz der Gewaltenteilung, JuS 2012, 314 ff. *Wernsmann*, Grundfälle zur verfassungsrechtlichen „Zulässigkeit rückwirkender Gesetze", JuS 1999, 1177 ff., JuS 2000, 39 ff.

---

[70] BVerfGE 128, 90 (106 f.) m.w.N.
[71] Dazu Jarass/Pieroth/*Jarass*, GG, Art. 20 Rn. 104 ff.

Aufgabe 2: Die Kanzlerdemokratie

A. Aufgabenstellung

Die politische Ordnung der Bundesrepublik Deutschland wird **96** manchmal als „Kanzlerdemokratie" bezeichnet.

1. Welche verfassungsrechtlichen Aspekte sprechen für, welche gegen diese Bezeichnung?

2. Erklären Sie die Bedeutung und Funktion von konstruktivem Misstrauensvotum und Vertrauensfrage!

B. Lösungshinweise

I. Vortragsgliederung

1. Kanzlerdemokratie
    a) Starke Stellung des Bundeskanzlers
    b) Relativierungen
2. Konstruktives Misstrauensvotum und Vertrauensfrage
    a) Konstruktives Misstrauensvotum
    b) Vertrauensfrage
        aa) Voraussetzungen
        bb) Staatspraxis

II. Vortragsvorschlag

97   Sehr geehrte Damen und Herren,

mein Vortragsthema ist die verfassungsrechtliche Stellung des Bundeskanzlers in der politischen Ordnung der Bundesrepublik Deutschland. Zunächst gehe ich auf die Frage ein, welche verfassungsrechtlichen Aspekte für und welche gegen die Bezeichnung „Kanzlerdemokratie"[72] sprechen. Anschließend erörtere ich die Bedeutung und Funktion von konstruktivem Misstrauensvotum und Vertrauensfrage.

98   1. Zum ersten Themenkomplex:

a) Die Rede von der „Kanzlerdemokratie" scheint zunächst fragwürdig, denn unmittelbar vom Volk gewählt wird nicht der Bundeskanzler, sondern der Bundestag. Sie kann sich aber aus verfassungsrechtlicher Sicht auf die zentrale Position berufen, die das Grundgesetz dem Bundeskanzler zuweist. Er bestimmt insbesondere nach Art. 65 S. 1 GG die Richtlinien der Politik. Das heißt, er trifft die grundlegenden und richtungsweisenden Entscheidungen, wobei die Richtlinien auch Einzelfälle von besonderer Bedeutung betreffen können.[73] Der Kanzler ist damit nach dem Willen der Verfassung die für die politische Gestaltung in Deutschland maßgebende Person. Neben der

---

[72] Der Begriff geht zurück auf *Eschenburg*, Staat und Gesellschaft in Deutschland, S. 742.
[73] Jarass/Pieroth/*Pieroth*, GG, Art. 65 Rn. 3 m.w.N.

Richtlinienkompetenz steht dem Bundeskanzler auch die Organisationsgewalt zu.[74] Sie beschreibt die Befugnis, weitgehende organisatorische Maßnahmen zu treffen, um eine erfolgreiche Regierungsarbeit zu gewährleisten.[75] Dies betrifft etwa die Errichtung, Abschaffung oder Zusammenlegung bestimmter Ministerien bzw. die Zuweisung bestimmter Materien zu einem Ressort. Schließlich steht dem Bundeskanzler gemäß Art. 65 S. 4 GG die Geschäftsleitungsbefugnis zu, also das Recht zur Einberufung, Festlegung der Tagesordnung und Leitung der Sitzungen des Bundeskabinetts.

Diese Rechte werden dadurch flankiert, dass nach Art. 63 GG der Bundeskanzler als einziges Mitglied der Bundesregierung, der gemäß Art. 62 GG neben ihm die Bundesminister angehören, vom Bundestag gewählt wird. Er ist nur vom Parlament abhängig und nur ihm verantwortlich. **99**

Die Bundesminister sind dagegen vom Bundeskanzler nicht nur hinsichtlich der inhaltlichen Arbeit – wegen der Richtlinienkompetenz – abhängig, sondern auch hinsichtlich des Bestandes ihres Amtes. Sie werden nämlich gemäß Art. 64 Abs. 1 GG vom Bundespräsidenten auf Vorschlag des Bundeskanzlers ernannt und entlassen. Man spricht hier vom sog. materiellen Kabinettsbildungsrecht. Dabei hat der Bundespräsident nur die rechtlichen Voraussetzungen für die Ernennung zu prüfen; im Übrigen muss er aber nach herrschender Meinung dem Vorschlag des Kanzlers entsprechen.[76] Verliert der Bundeskanzler sein Amt – sei es durch Rücktritt, konstruktives Misstrauensvotum oder Tod – endet automatisch auch das Amt der Bundesminister. Dies folgt aus Art. 69 Abs. 2 GG. **100**

b) Die aufgezeigte verfassungsrechtliche Stellung des Bundeskanzlers wird relativiert durch politische Faktoren, aber auch durch gegenläufige verfassungsrechtliche Vorgaben. In politischer Hinsicht ist bedeutsam, dass der Bundeskanzler immer auch die (inner)parteipolitischen Machtverhältnisse und insbesondere auch die Interessen des regelmäßig vorhandenen Koalitionspartners zu berücksichtigen hat. Auf der anderen Seite erfolgt aber durch eine zunehmende Personalisierung der Politik hier eine Entwicklung in Richtung Kanzlerdemokratie. **101**

In rechtlicher Hinsicht ist daran zu erinnern, dass das in der Richtlinienkompetenz zum Ausdruck kommende Kanzlerprinzip durch das Ressort- und das Kollegialprinzip eingeschränkt wird.

---

[74] Siehe dazu etwa die Fallbearbeitung bei *Höfling*, Fälle zum Staatsorganisationsrecht, Fall 8.

[75] *Ipsen*, Staatsrecht I, Rn. 438.

[76] Zur (ganz überwiegend ablehnend beantworteten) Frage, ob dem Bundespräsidenten ein politischer Ermessensspielraum zusteht, vgl. Friauf/Höfling/*Busse*, GG, Art. 64 Rn. 18 ff. (2011).

Das Ressortprinzip wurzelt in Art. 65 S. 2 GG, nach dem jeder Bundesminister innerhalb der vom Bundeskanzler aufgestellten Richtlinien seinen Geschäftsbereich selbständig und unter eigener Verantwortung leitet. Dieses Recht darf durch die Richtliniengebung, die begrenzend wirkt, nicht ausgehöhlt werden.

Das nachrangige Kollegialprinzip besagt, dass das Kabinett entscheidet, soweit Aufgaben der Bundesregierung als Ganzes betroffen sind.[77]

102　　2. Die dem Bundeskanzler vom Grundgesetz eingeräumte rechtlich starke Stellung kommt auch in der eingeschränkten Möglichkeit des Parlaments zum Ausdruck, ihn gegen seinen Willen aus dem Amt zu entfernen. Damit bin ich beim zweiten Themenkomplex angelangt.

a) Das konstruktive Misstrauensvotum, das in Art. 67 GG geregelt ist, ist die einzige Möglichkeit, den Bundeskanzler gegen seinen Willen abzulösen.

Das Entscheidende dabei – und die Bezeichnung „konstruktiv" verleihend – ist, dass es sich nicht um eine bloße Abwahlmöglichkeit handelt. Vielmehr verliert der Bundeskanzler nach Art. 67 Abs. 1 S. 1 GG sein Amt nur, wenn zugleich ein neuer Bundeskanzler mit der entsprechend nötigen „Mehrheit der Mitglieder"[78] des Bundestages gewählt wird. Diese Regelung soll Regierungsstabilität sichern sowie Regierungsvakanzen und Minderheitsregierungen verhindern. Als negatives Beispiel diente dem Parlamentarischen Rat die Weimarer Republik, in der die Abwahl des Reichskanzlers – und auch jedes einzelnen Reichsministers – gemäß Art. 54 S. 1 WRV möglich war, auch wenn sich keine parlamentarische Mehrheit für einen neuen Kanzler bzw. Minister fand. Letzteres bezeichnet man wegen des rein ablehnenden Charakters als „destruktives" Misstrauensvotum.

103　　b) Während beim konstruktiven Misstrauensvotum die Initiative vom Parlament, dem Bundestag, ausgeht, handelt es sich bei der Vertrauensfrage nach Art. 68 GG um ein Instrument des Bundeskanzlers, der beantragen kann, dass ihm der Bundestag das Vertrauen ausspricht. Findet der Antrag nicht die erforderliche Mehrheit der Mitglieder des Bundestages kann der Bundespräsident das Parlament auf Vorschlag des Bundeskanzlers auflösen, wenn der Bundestag nicht einen neuen Bundeskanzler wählt.

---

[77] Vgl. etwa die Auflistung in § 15 GO BReg (Sartorius I Nr. 38).
[78] Dieser Begriff ist in Art. 121 GG definiert als Mehrheit der gesetzlichen Mitgliederzahl; siehe zu den verschiedenen Mehrheitsbegriffen im deutschen Staatsrecht *Höfling/Burkiczak*, Jura 2007, 561 ff.

aa) Mit der Vertrauensfrage kann der Bundeskanzler versuchen, eine **104** politische Lage zu bewältigen, in der sich ein Mehrheitsverfall im Regierungslager abzeichnet oder schon ereignet hat. Dieser Mehrheitsverfall kann generell drohen bzw. bestehen, kann sich aber auch nur auf eine bestimmte politische Frage beziehen, die für den Kanzler von erheblicher Bedeutung ist.

Der Kanzler erhält die Möglichkeit, seine Position zu stärken und zu stabilisieren. Mit dem Antrag des Bundeskanzlers an den Bundestag, ihm das Vertrauen auszusprechen, ist nämlich die Drohung verbunden, im Falle des Scheiterns die Auflösung des Bundestages und damit den Mandatsverlust der Abgeordneten zu betreiben.

bb) Die vorgenannte Verfahrensweise, bei der der Bundeskanzler das **105** Vertrauen ausgesprochen bekommen will, wird auch als echte Vertrauensfrage bezeichnet.

In der Staatspraxis[79] wurde das Instrument der Vertrauensfrage jedoch bereits dreimal vom Bundeskanzler nicht mit dem Ziel genutzt, durch ein positives Ergebnis seine Position zu festigen, sondern es wurde bewusst ein negatives Ergebnis angestrebt. Angesichts eines sonst nicht bestehenden Selbstauflösungsrechtes des Parlaments sollten auf diesem Wege Neuwahlen ermöglicht werden.

Wegen der eigentlich nicht von Art. 68 GG gedeckten Zielsetzung nennt man diese Konstellation eine unechte Vertrauensfrage. Das Bundesverfassungsgericht hat dies nach den Bundestagsauflösungen von 1982 und 2005 gebilligt. Es hat dabei zwar eine politische Lage der Instabilität als Voraussetzung des Art. 68 GG gefordert. Gleichzeitig hat es aber sowohl dem Bundeskanzler als auch dem die letzte Entscheidung treffenden Bundespräsidenten einen weiten Einschätzungsspielraum hinsichtlich der Frage eingeräumt, ob es dem Bundeskanzler nicht mehr möglich ist, mit den im Bundestag bestehenden Kräfteverhältnissen weiter zu regieren, und ob die Parlamentsauflösung mit anschließenden Neuwahlen ein sinnvolles Mittel der Krisenbewältigung ist.[80]

Ich danke für Ihre Aufmerksamkeit.

C. Literatur zur Vertiefung

Beaucamp, Konflikte in der Bundesregierung, JA 2001, 478 ff.; *Burkiczak*, Kanzlerwahl, Misstrauensvotum und Vertrauensfrage, Jura 2002, 465 ff.; *Krings*, Die Minderheitsregierung, ZRP 2018, 2 ff.; *Reimer*, Vertrauensfrage und Bundes-

---

[79] Siehe dazu *Burkiczak*, Jura 2002, 465 (467 f.).
[80] BVerfGE 62, 1 (2, 44); 114, 121 (155 ff.).

tagsauflösung bei parlamentarischer Anscheinsgefahr, JuS 2005, 680 ff.; *Schemmel*, Die geschäftsführende Bundesregierung, NVwZ 2018, 105 ff.; *Terhechte*, Die vorzeitige Bundestagsauflösung als verfassungsrechtliches Problem, Jura 2005, 512 ff.

Aufgabe 3: Das Pisa-Problem

A. Aufgabenstellung

Die Bundesregierung ist besorgt über das Bildungsgefälle innerhalb **106**
Deutschlands, wie es in manchen internationalen Studien dokumentiert ist.
Um sicherzustellen, dass die Schüler in allen Ländern die gleichen Bildungschancen erhalten, bringt sie im Bundestag den Entwurf für ein Bundesschulgesetz ein. In dem Gesetz sind detailliert die Schulstrukturen, die
Lerninhalte und die Prüfungsverfahren für die allgemeinbildenden Schulen geregelt. Der Bundestag beschließt mit knapper Mehrheit das Gesetz
nach einem ordnungsgemäßen Verfahren. Der Bundesrat stimmt dem
Gesetz zu. Daraufhin wird das Gesetz dem Bundespräsidenten zur Ausfertigung zugeleitet. Der Bundespräsident hat Zweifel daran, dass der
Bund ein solches Gesetz beschließen durfte.

1. Sind die Bedenken des Bundespräsidenten berechtigt?

2. Kann der Bundespräsident die Ausfertigung des Gesetzes verweigern?

3. Was kann der Bundestag tun, wenn der Bundespräsident die Ausfertigung des Gesetzes verweigert?

Bearbeitervermerk: Der Sachverhalt ist nicht wiederzugeben.

B. Lösungshinweise

I. Vortragsgliederung

1. Verfassungsmäßigkeit des Bundesschulgesetzes
   a) Gesetzgebungskompetenz des Bundes
       aa) Ausschließliche Gesetzgebungskompetenz
       bb) Konkurrierende Gesetzgebungskompetenz
   b) Ergebnis
2. Prüfungsrecht des Bundespräsidenten
3. Rechtsschutzmöglichkeiten des Bundestages
   a) Präsidentenanklage
   b) Organstreitverfahren
4. Zusammenfassung

II. Vortragsvorschlag

107   Sehr geehrte Damen und Herren,

mein Vortrag befasst sich mit der Kompetenz des Bundes zum Erlass eines Bundesschulgesetzes, dem Umfang der Prüfungskompetenz des Bundespräsidenten bei der Ausfertigung von Bundesgesetzen sowie mit den Möglichkeiten des Bundestages, gegen eine Verweigerung der Ausfertigung durch den Bundespräsidenten vorzugehen.

108   1. Zur ersten Frage:

a) Die Bedenken des Bundespräsidenten gegen das Bundesschulgesetz sind berechtigt, wenn dem Bund die erforderliche Gesetzgebungskompetenz fehlt. Die Gesetzgebungskompetenzen sind in den Art. 70 bis 74 GG geregelt. Nach Art. 70 Abs. 1 GG haben die Länder die Kompetenz zur Gesetzgebung, soweit das Grundgesetz nicht dem Bund Gesetzgebungskompetenzen verleiht. Dies geschieht vor allem – aber nicht ausschließlich[81] – durch die Kataloge der Art. 73 und 74 GG.

109

---

[81] So normiert beispielsweise der Gesetzgebungsauftrag in Art. 45c Abs. 2 GG zugleich eine Gesetzgebungskompetenz des Bundes für den Erlass eines die Befugnisse des Petitionsausschusses regelnden Gesetzes.

aa) Dies bedeutet für den vorliegenden Fall, dass der Bund nur dann die Kompetenz zum Erlass des Bundesschulgesetzes besitzt, wenn ihm in den Art. 73 und 74 GG oder in einer anderen Verfassungsbestimmung die entsprechende Kompetenz übertragen wurde. Der Katalog der Gegen-stände der ausschließlichen Gesetzgebungskompetenz des Bundes in Art. 73 GG enthält keinerlei Tatbestand, unter den sich die gesetzlichen Regelungen der Schulstrukturen, der Lerninhalte und der Prüfungsverfahren für die allgemeinbildenden Schulen subsumieren lassen.

bb) Gleiches gilt auch für den Katalog der Gegenstände der konkur- **110** rierenden Gesetzgebung des Bundes in Art. 74 GG. Die in Art. 74 Abs. 1 Nr. 13 GG angesprochene „Regelung der Ausbildungsbeihilfen" bildet keine Grundlage für die angesprochenen Regelungen, sondern bezieht sich nur auf die individuelle finanzielle Förderung von – als Schülern, Auszubildenden oder Studenten – in Ausbildung Stehenden, nicht aber etwa auf die Bereitstellung, Organisation oder Förderung von Ausbildungseinrichtungen.[82] Die in Art. 74 Abs. 1 Nr. 33 GG genannte „Hochschulzulassung" und die dort erwähnten „Hochschulabschlüsse" betreffen angesichts des eindeutigen Wortlauts nicht die vom Bundesschulgesetz erfassten allgemeinbildenden Schulen.[83]

b) Auch an anderer Stelle im Grundgesetz ist dem Bund nicht die Ge- **111** setzgebungszuständigkeit für die im Bundesschulgesetz geregelten Sachverhalte übertragen worden. Da schließlich auch keine ungeschriebenen Kompetenzregelungen greifen, fehlt dem Bund die entsprechende Gesetzgebungsbefugnis. Die Bedenken des Bundespräsidenten sind damit berechtigt.

2. Dies führt zur Beantwortung der zweiten Frage: Maßgebliche **112** Norm für die Frage, ob der Bundespräsident die Ausfertigung des Gesetzes, also die Herstellung der Urschrift des Gesetzes durch die Unterzeichnung mit seinem vollen Namen,[84] verweigern darf, ist Art. 82 Abs. 1 S. 1 GG.
Danach werden die nach den Vorschriften des Grundgesetzes zustande gekommenen Gesetze vom Bundespräsidenten nach Gegenzeichnung[85] ausgefertigt und im Bundesgesetzblatt verkündet. Daraus folgt die Pflicht des Bundespräsidenten zur Ausfertigung und Verkündung

---

[82] Vgl. Sachs/*Degenhart*, GG, Art. 74 Rn. 61 m.w.N.; Jarass/Pieroth/*Pieroth*, GG, Art. 74 Rn. 38.
[83] Vgl. Sachs/*Degenhart*, GG, Art. 74 Rn. 128 m.w.N.
[84] Jarass/Pieroth/*Pieroth*, GG, Art. 82 Rn. 2.
[85] Gemeint ist die Gegenzeichnung gemäß Art. 58 S. 1 GG durch den Bundeskanzler und/oder den zuständigen Bundesminister.

von Gesetzen. Dies gilt allerdings nur, wenn die auszufertigenden Gesetze nach den Vorschriften des Grundgesetzes zustande gekommen sind.[86] Dabei ist seit jeher und auch weiterhin umstritten, ob Art. 82 Abs. 1 S. 1 GG nur auf die formelle Seite des Zustandekommens des zur Ausfertigung anstehenden Gesetzes abstellt oder ob der Bundespräsident die Ausfertigung auch verweigern darf, wenn das Gesetz materiell nicht mit dem Grundgesetz vereinbar ist.[87]

113   Im vorliegenden Fall kann dies allerdings dahinstehen, da die hier problematische Frage der Gesetzgebungszuständigkeit nach herrschender Meinung der formellen Prüfungskompetenz zuzuordnen ist,[88] die dem Bundespräsidenten in jedem Fall zusteht.[89] Ein Bundesgesetz, für das es dem Bund an der Gesetzgebungskompetenz mangelt, ist in jedem Fall nicht ein nach den Vorschriften des Grundgesetzes zustande gekommenes Gesetz. Damit ist der Bundespräsident berechtigt – und verpflichtet –, das Bundesschulgesetz nicht auszufertigen.

114   3. Damit komme ich zur dritten Frage: Es kommen grundsätzlich zwei Möglichkeiten in Betracht, wie der Bundestag gegen eine seiner Meinung nach unzulässige Weigerung des Bundespräsidenten, das Bundesschulgesetz auszufertigen, vorgehen kann, nämlich zum einen mittels einer Präsidentenanklage gemäß Art. 61 GG und zum anderen mit einem Organstreitverfahren nach Art. 93 Abs. 1 Nr. 1 GG.

115   a) Zunächst zur Präsidentenanklage: Gemäß Art. 61 Abs. 1 S. 1 GG können der Bundestag oder der Bundesrat den Bundespräsidenten wegen vorsätzlicher Verletzung des Grundgesetzes oder eines anderen Bundesgesetzes vor dem Bundesverfassungsgericht anklagen. Voraussetzung ist aber nach Art. 61 Abs. 1 S. 2 GG jeweils eine Zweidrittelmehrheit. Stellt das Bundesverfassungsgericht fest, dass der Bundespräsident einer vorsätzlichen Verletzung des Grundgesetzes oder eines anderen Bundesgesetzes schuldig ist, so kann es ihn gemäß Art. 61 Abs. 2 S. 1 GG des Amtes für verlustig erklären.

116   Vor diesem Hintergrund erweist sich die Präsidentenanklage in dreifacher Hinsicht nicht als das geeignete Verfahren. Zum einen dürfte es

---

[86] Vgl. Jarass/Pieroth/*Pieroth*, GG, Art. 82 Rn. 2 f.

[87] Dazu etwa *Schoch*, Jura 2007, 354 (356 ff.), m.w.N.; mit beachtlichen Argumenten gegen ein materielles Prüfungsrecht *Meyer*, JZ 2011, 602 ff.; BVerfGE 131, 47 (53) spricht mit Blick auf den Bundespräsidenten von einer „Kompetenz zur Prüfungvon Gesetzen, ohne deren Umfang zu thematisieren.

[88] BVerfGE 34, 9 (23); Friauf/Höfling/*Guckelberger*, GG, Art. 82 Rn. 34 (2007); *Schoch*, Jura 2007, 354 (357); a. A. *Meyer*, JZ 2011, 602 (604).

[89] Die Gegenauffassung ist gut vertretbar.

schwer sein, für einen entsprechenden Antrag die notwendige Zweidrittelmehrheit zu erhalten, nachdem bereits das Bundesschulgesetz nur mit knapper Mehrheit beschlossen wurde. Vor allem aber erscheint es ausgeschlossen, dass der Bundespräsident bei seiner Weigerung, das Bundesschulgesetz auszufertigen, *vorsätzlich* gegen das Grundgesetz verstoßen hat. Vielmehr liegen dem streitigen Vorgang lediglich unterschiedliche Rechtsansichten über die Gesetzgebungskompetenz des Bundes zugrunde. Da im Verfahren nach Art. 61 GG nicht bloß ein objektiver Rechtsverstoß geltend gemacht werden kann, sondern auch das subjektive Merkmal des Vorsatzes erfüllt sein muss, würde ein entsprechender Antrag des Bundestages also selbst dann keinen Erfolg haben, wenn der Bundespräsident objektiv verfassungswidrig gehandelt hätte. Und schließlich könnte der Bundestag mit der Anklage des Bundespräsidenten sein Ziel, die Ausfertigung des Bundesschulgesetzes, ohnehin unmittelbar gar nicht erreichen, sondern müsste abwarten, bis nach einem möglichen Amtsverlust durch eine entsprechende Entscheidung des BVerfG ein neuer Bundespräsident gewählt ist, der das Gesetz dann unterzeichnet.

b) Der Bundestag könnte aber ein Organstreitverfahren anstrengen. **117**
Gemäß Art. 93 Abs. 1 Nr. 1 GG entscheidet das Bundesverfassungsgericht über die Auslegung des Grundgesetzes aus Anlass von Streitigkeiten über den Umfang der Rechte und Pflichten eines obersten Bundesorganes oder anderer Beteiligter, die durch das Grundgesetz oder in der Geschäftsordnung eines obersten Bundesorganes mit eigenen Rechten ausgestattet sind. Diese Voraussetzungen sind vorliegend erfüllt. Der Streit betrifft die verfassungsrechtlichen Rechte und Pflichten eines obersten Bundesorganes, nämlich des Bundespräsidenten.

Die weiteren Zulässigkeitsvoraussetzungen eines Organstreitverfahrens sind in den §§ 63 und 64 BVerfGG geregelt. Nach § 63 BVerfGG **118**
können unter anderem der Bundespräsident und der Bundestag parteifähig sein. Damit kann der Bundestag das Organstreitverfahren als Antragstellerin durchführen; der Bundespräsident wäre der Antragsgegner. Das bei der Präsidentenanklage bestehende Problem der notwendigen Zweidrittelmehrheit stellt sich hier nicht: Der Bundestag kann mit einfacher Mehrheit beschließen, ein Organstreitverfahren anzustrengen.

Der Bundestag müsste allerdings auch antragsbefugt sein. Dies ist gemäß § 64 Abs. 1 BVerfGG der Fall, wenn der Antragsteller geltend **119**
macht, dass er oder das Organ, dem er angehört, durch eine Maßnahme oder Unterlassung des Antragsgegners in seinen ihm durch das Grundgesetz übertragenen Rechten und Pflichten verletzt oder unmittelbar gefährdet ist. Dies spitzt sich hier zu der Frage zu, ob die Weigerung des Bundespräsidenten, das Bundesschulgesetz auszufertigen, ein eigenes

Recht des Bundestages verletzt, ob also der Bundestag einen Anspruch auf Ausfertigung der nach den Bestimmungen des Grundgesetzes zustande gekommenen Gesetze hat. Dies wird man bejahen müssen. Das Recht zur Gesetzgebung ist ein zentrales Recht des Bundestages. Es liefe leer, wenn dieser nicht auch die Pflicht zur Ausfertigung von von ihm beschlossenen Gesetzen vor dem Bundesverfassungsgericht feststellen lassen könnte.

120   Der Bundestag müsste schließlich zum einen gemäß § 64 Abs. 2 BVerfGG im Antrag die Bestimmung des Grundgesetzes bezeichnen, gegen die durch die beanstandete Unterlassung des Bundespräsidenten ihrer Ansicht nach verstoßen wird, hier also den Art. 82 Abs. 1 S. 1 GG. Zum anderen müsste der Antrag gemäß § 64 Abs. 3 BVerfGG binnen sechs Monaten, nach dem die Weigerung des Bundespräsidenten, das Bundesschulgesetz auszufertigen, bekannt geworden ist, gestellt werden.

121   4. Ich fasse zusammen: Der Bund hat keine Kompetenz zum Erlass des Bundesschulgesetzes, so dass der Bundespräsident die Ausfertigung verweigern darf und auch muss. Hiergegen kann der Bundestag mit einer Organklage vor dem Bundesverfassungsgericht vorgehen.

Vielen Dank für Ihre Aufmerksamkeit.

C. Literatur zur Vertiefung

Butzer, Hat Adenauer damals richtig hingeschaut? Anmerkungen zur These von der politischen Machtlosigkeit des Bundespräsidentenamtes, NJW 2017, 210 ff.; *Guckelberger*, Das Prüfungsrecht des Bundespräsidenten – alles diskutiert? – Wie verhält es sich mit der Vertretung des Bundespräsidenten bei der Gesetzesausfertigung?, NVwZ 2007, 406 ff.; *Meyer*, Das Prüfungsrecht des Bundespräsidenten, JZ 2011, 602 ff.; *Schoch*, Die Prüfungskompetenz des Bundespräsidenten im Gesetzgebungsverfahren, Jura 2007, 354 ff.; *ders.*, Prüfungsrecht und Prüfungspflicht des Bundespräsidenten bei der Gesetzesausfertigung, ZG 2008, 209 ff.

Aufgabe 4: Die Schuluniform

A. Aufgabenstellung

Der Kultusminister K des Landes L stört sich an den sozialen Unter- **122** schieden in den Schulen seines Landes. Immer häufiger werden Fälle bekannt, in denen Schüler, die keine Markenkleidung tragen, von anderen Schülern „gemobbt" werden. Zudem mehren sich der Diebstahl und Raub von Markenkleidung auf den Schulhöfen. K will dieser Entwicklung Einhalt gebieten und bringt den Entwurf für ein Landesschuluniformgesetz (LSUG) in den Landtag ein, der das Gesetz dann auch nach ordnungsgemäßem Verfahren beschließt. § 1 LSUG lautet:

> „Die Schüler haben auf dem Schulgelände sowie bei schulischen Veranstaltungen außerhalb des Schulgeländes eine einheitliche Schuluniform zu tragen."

Der 18jährige Schüler Norbert (N) will auf seine teure Markenkleidung jedoch nicht verzichten und sieht sich durch § 1 LSUG in seinen Grundrechten verletzt. Zu Recht?

B. Lösungshinweise

I. Vortragsgliederung

1. Sachverhaltswiedergabe
2. Fallbearbeitung
   a) Schutzbereichsbetroffenheit
   b) Grundrechtseingriff
   c) Verfassungsrechtliche Rechtfertigung
      aa) Legitimer Zweck
      bb) Geeignetheit
      cc) Erforderlichkeit
      dd) Angemessenheit
   d) Ergebnis

II. Vortragsvorschlag

123   Sehr geehrte Damen und Herren,

ich habe in meinem Vortrag die Frage zu beantworten, ob der N durch § 1 des Landesschuluniformgesetzes in seinen Grundrechten verletzt ist.

1. Dieser Prüfung liegt folgender Sachverhalt zugrunde: Der Landtag des Landes L beschließt in einem ordnungsgemäßen Verfahren ein Landesschuluniformgesetz, nach dessen § 1 die Schüler auf dem Schulgelände sowie bei schulischen Veranstaltungen außerhalb des Schulgeländes eine einheitliche Schuluniform zu tragen haben. Der Gesetzgeber reagiert damit auf immer häufiger bekannt gewordene Fälle, in denen Schüler, die keine Markenkleidung tragen, von anderen Schülern „gemobbt" werden, sowie auf die zunehmenden Fälle von Diebstahl und Raub von Markenkleidung auf den Schulhöfen. Der N, der mit diesem Gesetz nicht einverstanden ist, ist 18 Jahre alt und Schüler.

2. Der N ist durch § 1 LSUG in seinen Grundrechten verletzt, wenn hierdurch in den Schutzbereich eines seiner Grundrechte ohne verfassungsrechtliche Rechtfertigung eingegriffen würde.
Der Umstand, dass der N Schüler ist und sich damit in einem sog. Sonderstatusverhältnis befindet, steht der Anwendung der Grundrechte

nicht entgegen. Es ist mittlerweile anerkannt, dass die Grundrechte auch in solchen Konstellationen Geltung beanspruchen.[90]

a) Als betroffenes Grundrecht kommt im Fall des N allein das allgemeine Persönlichkeitsrecht in Betracht, das vom Bundesverfassungsgericht in Art. 2 Abs. 1 GG i. V. m. Art. 1 Abs. 1 GG verortet wird.[91] Es ist gegenüber der in Art. 2 Abs. 1 GG gewährleisteten allgemeinen Handlungsfreiheit lex specialis und verdrängt diese, soweit der Schutzbereich eröffnet ist. **124**

Das allgemeine Persönlichkeitsrecht schützt unter anderem das Recht der Selbstdarstellung des Einzelnen in der Öffentlichkeit,[92] namentlich das Recht, über die Gestaltung der äußeren Erscheinungsweise selbst zu bestimmen.[93] Damit ist auch das Recht zur Bestimmung der eigenen Kleidung als einem Element der äußeren Persönlichkeitsdarstellung grundrechtlich geschützt.[94] **125**

b) In den Schutzbereich dieses Grundrechts müsste allerdings auch eingegriffen worden sein. Ein Grundrechtseingriff liegt unter anderem dann vor, wenn dem Einzelnen ein Verhalten, das vom Schutzbereich eines Grundrechts umfasst ist, gegen den Willen des Grundrechtsträgers durch den Staat verwehrt wird.[95] Durch § 1 LSUG wird das Recht des N, seine Kleidung zu wählen, für die Zeit des Aufenthaltes auf dem Schulgelände und für die Zeit schulischer Veranstaltungen außerhalb des Schulgeländes beschränkt. Damit liegt ein Eingriff in das allgemeine Persönlichkeitsrecht des N vor. **126**

c) Möglicherweise ist der Grundrechtseingriff aber verfassungsrechtlich gerechtfertigt. Das allgemeine Persönlichkeitsrecht ist durch die sog. Schrankentrias des Art. 2 Abs. 1 GG einschränkbar. Hierzu zählt neben den Rechten anderer und dem Sittengesetz auch die verfassungsmäßige Ordnung. Letztere umfasst nach herrschender Meinung die Gesamtheit der formell und materiell verfassungsgemäßen Rechtsnormen.[96] Grundsätzlich kann damit durch § 1 LSUG das allgemeine Persönlichkeitsrecht beschränkt werden. Formell ist das Gesetz laut Sachverhalt nicht zu beanstanden. In materieller Hinsicht stellt sich indes die Frage, ob der durch das Gesetz vorgenommene Eingriff verhältnismäßig ist. **127**

---

[90] Grundlegend BVerfGE 33, 1 (10 f.); s. aber die abweichende Meinung *Jentsch/Di Fabio/Mellinghoff* in BVerfGE 108, 282 (314 ff.).

[91] Exemplarisch: BVerfGE 101, 361 (379).

[92] Sachs/*Murswiek/Rixen*, GG, Art. 2 Rn. 71.

[93] *BVerwG* DVBl. 2006, 1187 (1188); vgl. *BVerfG (K)* NJW 1991, 1477 f.

[94] *VG Berlin* NVwZ-RR 2002, 33 (35); *Gromitsaris*, SächsVBl. 1997, 93 (96).

[95] *Kingreen/Poscher*, Grundrechte, Rn. 294.

[96] Vgl. BVerfGE 6, 32 (37 f); 80, 137 (153); 90, 145 (171 f.); 104, 337 (346).

Hierfür müsste er einem legitimen Zweck dienen sowie zur Erreichung dieses Zwecks geeignet, erforderlich und angemessen sein.

128   aa) Die mit § 1 LSUG verfolgten Ziele, nämlich das „Mobbing" zwischen den Schülern sowie Eigentumsdelikte zu verhindern, dienen dem
Schutz ihrerseits verfassungsrechtlich geschützter Rechtsgüter. Neben
dem Eigentum sind dies insbesondere die körperliche und seelische In-
tegrität der durch „Mobbing" und Gewalt bedrohten Schüler. Das ver-
folgte Ziel ist damit ohne weiteres legitim.

129   bb) Ein Mittel ist bereits dann im verfassungsrechtlichen Sinne geeignet, wenn mit seiner Hilfe der gewünschte Erfolg gefördert werden
kann.[97] Die Möglichkeit der Zweckerreichung genügt.[98] Verfassungswidrig sind nur schlechthin ungeeignete Mittel.[99]
130   Diesen Maßstäben genügt § 1 LSUG. Die verpflichtende Einführung
von einheitlicher Schulkleidung führt zwangsläufig dazu, dass die Kleidung der Schüler keinen Anlass mehr zu verbalen oder tätlichen Auseinan-
dersetzungen bzw. zu Eigentumsdelikten auf dem Schulgelände bzw. bei
schulischen Veranstaltungen außerhalb des Schulgeländes geben kann.

131   cc) Eine geeignete Maßnahme muss jedoch auch erforderlich sein,
das heißt, es darf keine gleich geeignete, aber den Betroffenen weniger
belastende Alternative zur Verfügung stehen.[100] Der Eingriff darf also in
sachlicher, räumlicher, zeitlicher und personeller Hinsicht nicht weiter
gehen als notwendig.[101] Auch hier kommt dem Gesetzgeber eine Ein-
schätzungsprärogative zu.[102]
132   Als milderes Mittel kommt ein den gleichen Zielen dienender Unterricht in Betracht, also ein Unterricht, der vermittelt, dass sich der Wert
jedes Einzelnen nicht an äußerlichen Unterschieden bemisst, sondern auf
seiner unveräußerlichen Würde beruht,[103] und dass das Eigentum anderer zu respektieren ist. Die durch § 1 LSUG eingeführte Pflicht zur ein-
heitlichen Schulkleidung setzt demgegenüber nicht an den (geistigen)
Ursachen, sondern an den Symptomen an. Insofern bestehen Zweifel an
der Erforderlichkeit des § 1 LSUG. Andererseits kann durchaus unterstellt werden, dass schon bislang der Schulunterricht auch solche Inhalte
hatte, ohne dass dies die Problematik des Mobbings und der Eigentums-
straftaten beseitigt hätte. Hinzu kommt, dass die durch entsprechenden

---

[97] BVerfGE 39, 210 (230); 63, 88 (115); 96, 10 (23); 103, 293 (307).
[98] BVerfGE 67, 157 (175); 96, 10 (23); 103, 293 (307).
[99] BVerfGE 30, 250 (263), m.w.N.
[100] BVerfGE 39, 210 (230); 109, 188 (191); BVerwGE 63, 88 (115).
[101] *Höfling*, Jura 1994, 169 (172).
[102] BVerfGE 77, 84 (106); 100, 271 (286).
[103] *Ennuschat/Siegel*, NWVBl. 2007, 125 (127).

Unterricht beförderte Einsicht der Schüler nicht unmittelbar, sondern nur verzögert Einzug halten würde, so dass es an der gleichen Effektivität fehlen würde. Entsprechend ist § 1 LSUG auch erforderlich.

dd) Schließlich müsste die Maßnahme verhältnismäßig im engeren **133** Sinne sein. Der Grundrechtseingriff müsste hierfür in einem angemessenen Verhältnis zum verfolgten Zweck stehen.[104] Geboten ist also eine Güterabwägung zwischen der Ausübung der gewährleisteten grundrechtlichen Freiheit einerseits und der Notwendigkeit, die in den Eingriffszielen genannten Interessen zu schützen.

Zwar verfolgt die einheitliche Schulkleidung wie gezeigt wichtige **134** Gemeinwohlbelange. Andererseits erscheint es durchaus fraglich, ob diese von solch hoher Bedeutung sind, dass es für die betroffenen Schüler zumutbar wäre, die damit verbundene Einschränkung ihrer Persönlichkeitsentfaltung hinzunehmen. Immerhin ist auch die freie Entfaltung der Persönlichkeit schulisches Erziehungsziel. Zudem soll die Schule auf die Bewältigung der Aufgaben im Leben auch außerhalb der Schule vorbereiten. Dies erscheint kaum möglich, wenn unterschiedliche Einkommens- und Vermögensverhältnisse, die sich unter anderem in der Wahl der Kleidung niederschlagen, im schulischen Raum künstlich nivelliert werden.

Zu Gunsten des § 1 LSUG kann hingegen angeführt werden, dass die Einschränkung der Persönlichkeitsentfaltung in zeitlicher und in räumlicher Hinsicht begrenzt ist. Den Schülern steht es frei, sich außerhalb des Unterrichts bzw. außerhalb des Schulgeländes weiterhin individuell zu kleiden. Daher kann § 1 LSUG im Ergebnis als noch angemessen qualifiziert werden.[105]

d) Ich komme damit zu dem Ergebnis, dass der Grundrechtseingriff **135** verfassungsrechtlich gerechtfertigt, N also durch § 1 LSUG nicht in seinen Grundrechten verletzt ist, und danke für Ihre Aufmerksamkeit.

C. Literatur zur Vertiefung

Ennuschat/Siegel, Schuluniformen – Flucht aus der Verantwortung in die Unfreiheit – Zur Verfassungswidrigkeit hoheitlich induzierter Schuleinheitskleidung an öffentlichen Schulen, NWVBl. 2007, 125 ff.; *Kramer*, Übungsklausur – Öffentliches Recht: Der langhaarige Polizist, JuS 2007, 35 ff.; *Wittschurky/Wolff*, Anfängerklausur – Öffentliches Recht: Langhaarige Soldaten, JuS 2017, 132 ff.

---

[104] BVerfGE 50, 217 (227); 80, 103 (107); 99, 202 (212 f.).

[105] Ein anderes Abwägungsergebnis ist gut vertretbar; siehe etwa *Ennuschat/Siegel*, NWVBl. 2007, 125 (128); *Gromitsaris*, SächsVBl. 1997, 93 (96).

Aufgabe 5: Der feierfreudige Fahranfänger

A. Aufgabenstellung

136   Der Bundestag beschließt ein Gesetz zur Einführung eines Alkohol-
verbotes für Fahranfänger (GAF). Er reagiert damit auf die hohe Anzahl
von alkoholbedingten Verkehrsunfällen, die – was nachgewiesen ist –
signifikant überdurchschnittlich oft von Fahranfängern zwischen dem
18. und dem 21. Lebensjahr verursacht werden.

Nach § 1 GAF handelt ordnungswidrig, wer vor Vollendung des 21.
Lebensjahres als Führer eines Kraftfahrzeuges im Straßenverkehr alko-
holische Getränke zu sich nimmt oder die Fahrt antritt, obwohl er unter
der Wirkung eines solchen Getränkes steht. § 2 des Gesetzes bestimmt,
dass ein Verstoß gegen § 1 GAF mit einer Geldbuße bis zu 1.000 € be-
straft werden kann.[106]

Michael (M), der gerade 18 Jahre alt geworden ist und die Führer-
scheinprüfung bestanden hat, ist mit dem Gesetz nicht einverstanden. Er
sieht nicht ein, warum er bis zur Vollendung des 21. Lebensjahres gar
keinen Alkohol trinken darf, wenn er Auto fährt, während für ältere Personen ein solches absolutes Alkoholverbot nicht existiert. M glaubt,
durch das GAF in seinem Recht auf Gleichbehandlung verletzt zu sein.

Kann der M wegen § 1 GAF erfolgreich das Bundesverfassungsgericht anrufen?

Bearbeitervermerk: Der Sachverhalt ist nicht wiederzugeben.

---

[106] Die fiktiven §§ 1 f. GAF entsprechen im Wesentlichen dem am 1. August
2007 in Kraft getretenen § 24c StVG.

B. Lösungshinweise

I. Vortragsgliederung

1. Zulässigkeit der Verfassungsbeschwerde
   a) Rechtsweg/Zuständigkeit
   b) Antragsberechtigung/Beschwerdefähigkeit
   c) Beschwerdegegenstand
   d) Beschwerdebefugnis
      aa) Einschlägige Grundrechte, mögliche Verletzung
      bb) Selbstbetroffenheit
      cc) Gegenwärtige Betroffenheit
      dd) Unmittelbare Betroffenheit
   e) Form und Frist
   f) Rechtswegerschöpfung/Subsidiarität
   g) Ergebnis

2. Begründetheit der Verfassungsbeschwerde
   a) Ungleichbehandlung
   b) Verfassungsrechtliche Rechtfertigung
      aa) Legitimer Zweck
      bb) Geeignetheit
      cc) Erforderlichkeit
      dd) Angemessenheit
   c) Zwischenergebnis

3. Ergebnis

II. Vortragsvorschlag

Sehr geehrte Damen und Herren,   **137**

mein Vortrag behandelt die Erfolgsaussichten einer Verfassungsbeschwerde des M vor dem Bundesverfassungsgericht wegen § 1 GAF. Zu prüfen sind daher deren Zulässigkeit und Begründetheit.

1. Zunächst zur Zulässigkeit der Verfassungsbeschwerde.[107] Die An- **138**
forderungen an deren Zulässigkeit ergeben sich aus Art. 93 Abs. 1 Nr. 4a GG, §§ 13 Nr. 8a, 90 ff. BVerfGG.

---

[107] Vgl. zur Zulässigkeit einer Verfassungsbeschwerde etwa *Geis/Thirmeyer*, JuS 2012, 316 ff.; *Scherzberg/Mayer*, Jura 2004, 373 ff., 513 ff.

a) Nach diesen Vorschriften ist das Bundesverfassungsgericht für die Entscheidung über Verfassungsbeschwerden zuständig.

139   b) Antragsberechtigt bzw. beschwerdefähig[108] ist nach § 90 Abs. 1 BVerfGG „jedermann", also jeder, der fähig ist, Träger von Grundrechten zu sein. M als natürliche Person ist Träger von Grundrechten und somit antragsberechtigt im Sinne von § 90 Abs. 1 BVerfGG.

140   c) Nach Art. 93 Abs. 1 Nr. 4a GG, § 90 Abs. 1 BVerfGG kann Gegenstand einer Verfassungsbeschwerde jede Maßnahme der öffentlichen Gewalt sein. M müsste also eine Grundrechtsverletzung durch die öffentliche Gewalt behaupten. Entsprechend den Adressaten der Grundrechtsbindung gemäß Art. 1 Abs. 3 GG fallen darunter Maßnahmen aller drei Gewalten, also von Legislative, Exekutive und Judikative.[109] Die Verfassungsbeschwerde des M richtet sich gegen das GAF, also gegen einen Akt der Legislative. Dieser bildet einen tauglichen Beschwerdegegenstand.

141   d) Beschwerdebefugt ist M gemäß § 90 Abs. 1 BVerfGG nur, wenn er behaupten kann, durch das angegriffene Urteil in einem seiner Grundrechte verletzt zu sein.

aa) M rügt eine Ungleichbehandlung; einschlägiges Grundrecht ist daher der allgemeine Gleichheitssatz nach Art. 3 Abs. 1 GG.

Entgegen dem Wortlaut des § 90 Abs. 1 BVerfGG genügt die bloße Behauptung einer Grundrechtsverletzung zur Annahme der Beschwerdebefugnis nicht. „Behauptung" ist vielmehr im Sinne von „plausible Geltendmachung" zu verstehen.[110] Aus dem Tatsachenvortrag des M muss sich ergeben, dass eine solche Verletzung zumindest möglich ist,[111] das heißt, sie darf nicht von vornherein ausgeschlossen sein.[112]

Das Gesetz unterscheidet eindeutig zwischen jüngeren Fahranfängern und älteren Fahrern. Hierin liegt eine Ungleichbehandlung; eine Verletzung von Art. 3 Abs. 1 GG ist damit nicht von vornherein ausgeschlossen. Des Weiteren müsste M aber auch selbst, gegenwärtig und unmittelbar betroffen sein.[113]

---

[108] Vgl. etwa *Schlaich/Korioth*, Das Bundesverfassungsgericht, Rn. 206.

[109] *Kingreen/Poscher*, Grundrechte, Rn. 1294.

[110] In der Praxis stellt das BVerfG unter dem Gesichtspunkt der Substantiierung der Verfassungsbeschwerde noch wesentlich höhere Anforderungen – auch an die Rechtsausführungen des Beschwerdeführers (siehe dazu etwa *Lübbe-Wolff*, EuGRZ 2004, 669 [676 ff.] m.w.N.).

[111] Vgl. nur BVerfGE 52, 303 (327); 65, 227 (232 f.); 89, 155 (171).

[112] Vgl. nur BVerfGE 52, 303 (327).

[113] BVerfGE 97, 157 (164); 100, 313 (354); dazu *Hartmann*, JuS 2003, 897 ff.

bb) Die angegriffene Norm muss sich an den Beschwerdeführer rich- **142**
ten oder ihn rechtlich betreffen. Diese Voraussetzung ist hier erfüllt, da
M als Autofahrer, der das 21. Lebensjahr noch nicht vollendet hat, Adressat des § 1 GAF ist.

cc) Die gesetzliche Regelung beschwert M gegenwärtig, weil sie **143**
schon und noch Rechtswirkungen entfaltet. M ist nämlich nicht irgend-
wann in der Zukunft betroffen, sondern er muss schon jetzt das Alkoholverbot des § 1 GAF beachten, wenn er ein Kraftfahrzeug führt.

dd) Schließlich muss die angegriffene Norm den Beschwerdeführer **144**
nach der verfassungsgerichtlichen Rechtsprechung auch unmittelbar betreffen, das heißt, es darf zu seiner Durchführung kein weiterer Voll-
zugsakt notwendig sein.
Dies ist eigentlich nur bei selbstvollziehenden Gesetzen der Fall.
Schon dies könnte man hier annehmen, denn § 1 GAF legt dem M ein
Gebot auf, das der Beschwerdeführer unmittelbar befolgen muss.
Zudem besteht heute Einigkeit, dass die Erforderlichkeit eines weiteren Vollzugsakts lediglich ein wichtiges Indiz für die Unmittelbarkeit
der Maßnahme ist. Maßgebend ist eine Wertung, die danach fragt, ob
dem Beschwerdeführer das Abwarten des Vollzugsaktes zumutbar ist.
Unzumutbar ist es insbesondere, eine Straftat oder Ordnungswidrigkeit
zu begehen, um dann in dem sich (möglicherweise) anschließenden
strafgerichtlichen Verfahren die Verfassungswidrigkeit der Ge- bzw.
Verbotsnorm geltend zu machen.[114] Da § 2 GAF bei Zuwiderhandlungen
die Festsetzung einer Geldbuße vorschreibt, ist dem M ein Abwarten des
Vollzugsakts in Form eines Bußgeldbescheides nicht zuzumuten. Er ist
demnach von §§ 1 und 2 GAF unmittelbar betroffen.

e) Von der Einhaltung der Form gemäß § 23 Abs. 1, § 92 BVerfGG **145**
und der Jahresfrist gemäß § 93 Abs. 3 BVerfGG ist mangels anderwei-
tiger Angaben im Sachverhalt auszugehen.

f) Das Gebot der Rechtswegerschöpfung[115] aus § 90 Abs. 2 S. 1 BVer- **146**
fGG ist bei Verfassungsbeschwerden gegen Gesetze nicht einschlägig, da
es gegen Gesetze keinen Rechtsweg im Sinne des § 90 Abs. 2 BVerfGG
gibt. Das BVerfG verlangt in diesen Fällen jedoch, dass der Beschwerde-

---

[114] BVerfGE 77, 84 (99 f.); 81, 70 (82); 97, 157 (154) – dort allerdings im
Rahmen der Prüfung der Subsidiarität der Verfassungsbeschwerde.
[115] Teilweise wird die Rechtswegerschöpfung als eigenständiger Prüfungspunkt
(*Schlaich/Korioth*, Das Bundesverfassungsgericht, vor Rn. 206), teilweise nur als
Teil des Rechtsschutzbedürfnisses angesehen (*Kingreen/Poscher*, Grundrechte,
Rn. 1317 ff.).

führer alle zur Verfügung stehenden und zumutbaren Möglichkeiten fachgerichtlichen Rechtsschutzes in Anspruch nimmt.[116] Die einzige dem M im vorliegenden Fall zur Verfügung stehende Möglichkeit fachgerichtlichen Rechtsschutzes wäre es, nach Verstoß gegen § 1 GAF einen Bußgeldbescheid hinzunehmen und dagegen dann mittels Einspruch vor den Strafgerichten vorzugehen. Dies ist ihm indes nicht zumutbar.

　　　g) Die Verfassungsbeschwerde des M wäre zulässig.

147　　2. Damit komme ich zur Begründetheit der Verfassungsbeschwerde. Die Verfassungsbeschwerde wäre begründet, wenn der M durch § 1 GAF in seinem Grundrecht aus Art. 3 Abs. 1 GG verletzt wäre.

　　　Gemäß Art. 3 Abs. 1 GG sind vor dem Gesetz alle Menschen gleich. Daraus folgt unter anderem das Gebot der Rechtsetzungsgleichheit: Der Gesetzgeber muss wesentlich Gleiches gleich und wesentlich Ungleiches ungleich behandeln.[117] Art. 3 Abs. 1 GG wäre also verletzt, wenn durch § 1 GAF eine verfassungsrechtlich relevante Ungleichbehandlung erfolgen würde, ohne dass diese verfassungsrechtlich gerechtfertigt wäre.

148　　a) Fraglich ist zunächst, ob eine verfassungsrechtlich relevante Ungleichbehandlung von wesentlich Gleichem gegeben ist.

　　　Eine entsprechende Ungleichbehandlung ist dann gegeben, wenn eine Person, Personengruppe oder Situation in einer bestimmten Weise rechtlich behandelt wird, eine andere Person, Personengruppe oder Situation in einer bestimmten anderen Weise rechtlich behandelt wird und beide Personen, Personengruppen oder Situationen unter einen gemeinsamen Oberbegriff gefasst werden können.[118] Für die Prüfung, ob dies der Fall ist, ist somit zunächst die Vergleichsgruppe, die unter einen gemeinsamen Oberbegriff gefasst werden kann, festzustellen.

149　　Im vorliegenden Fall werden aufgrund von § 1 GAF Autofahrer, die das 21. Lebensjahr noch nicht vollendet haben, rechtlich anders behandelt als Autofahrer, die bereits 21 Jahre alt sind. Insofern liegt eine verfassungsrechtlich relevante Ungleichbehandlung von Personen vor, die unter den Oberbegriff „Autofahrer" gefasst werden können.

150　　b) Möglicherweise ist die Ungleichbehandlung aber verfassungsrechtlich gerechtfertigt. Dies ist der Fall, wenn ein hinreichender Differenzierungsgrund vorliegt. Differenzierungen bedürfen jedoch stets der Rechtfertigung durch Sachgründe, die dem Ziel und dem Ausmaß der

---

[116] Etwa BVerfGE 69, 122 (125 f.); 85, 80 (85 f.); 97, 157 (165).
[117] BVerfGE 110, 412 (431); 112, 164 (174).
[118] *Kingreen/Poscher*, Grundrechte, Rn. 520.

Ungleichbehandlung angemessen sind. Dabei gilt nach der Rechtsprechung des BVerfG ein stufenloser, am Grundsatz der Verhältnismäßigkeit orientierter verfassungsrechtlicher Prüfungsmaßstab, dessen Inhalt und Grenzen sich nicht abstrakt, sondern nur nach den jeweils betroffenen unterschiedlichen Sach- und Regelungsbereichen bestimmen lassen.[119]

Hinsichtlich der verfassungsrechtlichen Anforderungen an den die Ungleichbehandlung tragenden Sachgrund ergeben sich aus dem allgemeinen Gleichheitssatz je nach Regelungsgegenstand und Differenzierungsmerkmalen unterschiedliche Grenzen für den Gesetzgeber, die von gelockerten auf das Willkürverbot beschränkten Bindungen bis hin zu strengen Verhältnismäßigkeitserfordernissen reichen können. Eine strengere Bindung des Gesetzgebers kann sich aus den jeweils betroffenen Freiheitsrechten ergeben. Zudem verschärfen sich die verfassungsrechtlichen Anforderungen, je weniger die Merkmale, an die die gesetzliche Differenzierung anknüpft, für den Einzelnen verfügbar sind oder je mehr sie sich denen des Art. 3 Abs. 3 GG annähern.[120]

Hier knüpft § 1 GAF an das Alter des Fahrzeugführers an. Da der **151** Betroffene es nicht beeinflussen kann, stellt sein Alter ein personenbezogenes Kriterium im vorgenannten Sinne dar. An die Rechtfertigung sind daher hohe Anforderungen zu stellen.

Liegt damit also eine Ungleichbehandlung größerer Intensität vor, **152** kann deren verfassungsrechtliche Rechtfertigung nach der Rechtsprechung des BVerfG nicht schon allein deshalb anzunehmen sein, weil keine willkürliche Differenzierung vorliegt. Vielmehr ist die Ungleichbehandlung nur verfassungskonform, wenn sie einer Verhältnismäßigkeitsprüfung standhält.[121] Dazu muss sie einen legitimen Zweck verfolgen, zur Erreichung dieses Zweckes geeignet und erforderlich sein und zudem in einem angemessenen Verhältnis zum Wert des Zweckes stehen.[122]

aa) Der Gesetzgeber verfolgt mit § 1 GAF zweifelsohne einen legiti- **153** men Zweck, nämlich die Verhinderung alkoholbedingter Verkehrsunfälle mit Sach- und Personenschäden.

bb) § 1 GAF erscheint auch geeignet, dieses Ziel zu erreichen, weil **154** das mit Bußgeld bewehrte Verbot des Fahrens unter Alkoholeinfluss junge Menschen gerade von einem solchen Verhalten abhalten wird und

---

[119] BVerfGE 138, 136 (180, Rn. 121) m.w.N.; 139, 285 (309, Rn. 70).
[120] BVerfGE 138, 136 (180 f., Rn. 122) m.w.N.; 139, 285 (309, Rn. 71)..
[121] Vgl. BVerfGE 103, 172 (193); 107, 27 (45); 110, 412 (431); 112, 164 (174); siehe auch Frauf/Höfling/*Huster*, GG, Art. 3 Rn. 135 ff. (2016).
[122] Vgl. BVerfGE 102, 68 (87).

damit die Gefährdung der Sicherheit des Straßenverkehrs durch alkoho-
lisierte junge Fahrer reduziert wird.

155   cc) Die Notwendigkeit der Ungleichbehandlung ist zu bejahen, wenn
keine weniger belastende Differenzierung zur Verfügung steht. Letztere
ist hier nicht ersichtlich. Dabei ist insbesondere zu berücksichtigen, dass
der Gesetzgeber berechtigt ist, pauschalisierende und typisierende Regelungen zu treffen.[123] Daher durfte er der gesetzlichen Regelung die Erkenntnis zugrunde legen, dass Autofahrer zwischen 18 und 21 Jahren
unter Alkoholeinfluss im Vergleich zu anderen Autofahrer überdurchschnittlich häufig Unfallverursacher sind, auch wenn dies nicht in jedem
Einzelfall zutreffen mag.

156   dd) Schließlich müssen die Ungleichbehandlung und ihr Grund in einem angemessenen Verhältnis stehen.[124] Die Differenzierungsgründe
müssen von solcher Art und solchem Gewicht sein, dass sie die unglei-
che Regelung rechtfertigen können.[125] Auch dies ist hier der Fall, da einerseits nach dem Sachverhalt Autofahrer zwischen 18 und 21 Jahren
unter Alkoholeinfluss im Vergleich zu anderen Autofahrer signifikant
überdurchschnittlich Unfallverursacher sind und da es andererseits mit
der Gesundheit und dem Leben der anderen Verkehrsteilnehmer um den
Schutz hochrangiger Rechtsgüter geht.

157   c) Damit ist die Ungleichbehandlung junger Autofahrer durch § 1
GAF verfassungsrechtlich gerechtfertigt, so dass die Verfassungsbeschwerde des M unbegründet wäre.

158   3. Als Ergebnis ist damit festzuhalten: M könnte wegen § 1 GAF das
Bundesverfassungsgericht nicht erfolgreich anrufen, da eine Verfassungsbeschwerde zwar zulässig, aber unbegründet wäre.

Ich danke für Ihre Aufmerksamkeit.

C. Literatur zur Vertiefung

Britz, Der allgemeine Gleichheitssatz in der Rechtsprechung des BVerfG,
NJW 2014, 346 ff.; Bryde/*Kleindiek*, Der allgemeine Gleichheitssatz, Jura 1999,
36 ff.; *Graf von Kielmansegg*, Die Grundrechtsprüfung, JuS 2008, 23 ff.; *Hufna-
gel*, Das absolute Alkoholverbot für Fahranfänger, NJW 2007, 2577 ff.; *Sachs*,
Die Maßstäbe des allgemeinen Gleichheitssatzes, JuS 1997, 124 ff.

---

[123] Vgl. BVerfGE 101, 297 (309); 103, 310 (319) m.w.N.; zum Problem
Sachs/*Nußberger*, GG, Art. 3 Rn. 104 ff. m.w.N.
[124] BVerfGE 82, 126 (146); ähnlich BVerfGE 85, 238 (245).
[125] BVerfGE 100, 1 (38); 102, 41 (54); 103, 225 (235).

Aufgabe 6: Datenschutz im Taxi

A. Aufgabenstellung

A will Taxifahrer werden und unterschreibt daher einen Arbeitsver- **159**
trag beim Taxiunternehmer T. Als A seine erste Fahrt antreten will, fällt
ihm auf, dass in dem Taxi, das er fährt, für jeden Fahrgast gut sichtbar
ein Foto von ihm und sein Name angebracht sind. Auf Nachfrage reicht
T ihm lediglich ein Infoblatt, auf dem § 7 Abs. 6 des einschlägigen Ta-
xengesetzes (TaxG) abgedruckt ist:

> „Der Taxifahrer ist verpflichtet, während des Bereithaltens der Taxe und wäh-
> rend der Ausführung von Beförderungsaufträgen im Wageninnern an einer für den
> Fahrgast gut sichtbaren Stelle ein Schild mit seinem Lichtbild und seinem Vor-
> und Familiennamen in Druckbuchstaben anzubringen. Jede Zuwiderhandlung
> kann mit einem Bußgeld von bis zu 1.000 Euro geahndet werden.“

A ist empört. Er ist nicht damit einverstanden, dass jeder Fahrgast
weiß, wie er heißt. Schließlich gebe es so etwas wie Datenschutz. Er
versteht auch nicht, was dieses Misstrauen überhaupt soll. Er sei keine
Gefahr für seine Fahrgäste. Weder betrüge er beim Fahrgeld noch raube
er die Kunden aus oder belästige weibliche Fahrgäste. Wenn er Foto und
Namensschild nicht entfernen dürfe, könne er nicht als Taxifahrer arbeiten. Außerdem existierten bereits – was zutrifft – detaillierte Regelungen
darüber, welche Fahrzeugpapiere bei Taxifahrten mitzuführen seien. So
müsse insbesondere die Ordnungsnummer des Taxis sowie Name und
Betriebssitz des Unternehmens gut sichtbar im Taxi angebracht sein.
Diese Angaben erschienen zudem auf dem Quittungsblock, und die erforderliche personenbeförderungsrechtliche Genehmigung sei auf Verlangen den zuständigen Personen zur Kontrolle auszuhändigen. Mit diesen Angaben und der Kenntnis des Unternehmers, wer zum konkreten
Beschwerdezeitpunkt gefahren ist, könne man den Fahrer leicht identifizieren. Die Beschwerdemöglichkeit von Fahrgästen sei daher schon
aufgrund dieser Vorschriften ausreichend sichergestellt; weitergehende
Vorgaben seien unnötig und damit verfassungswidrig.

Ist A durch § 7 Abs. 6 TaxG in seinem Grundrecht auf Berufsfreiheit
verletzt?

Bearbeitervermerk: Der Sachverhalt ist nicht wiederzugeben.

B. Lösungshinweise

I. Vortragsgliederung

1. Schutzbereichsbetroffenheit

2. Eingriff

3. Verfassungsrechtliche Rechtfertigung
   a) Verhältnismäßigkeitsgrundsatz
      (1) Legitimer Zweck
      (2) Geeignetheit
      (3) Erforderlichkeit
      (4) Angemessenheit
   b) Zwischenergebnis

4. Ergebnis

II. Vortragsvorschlag

160   Sehr geehrte Damen und Herren,

Gegenstand meines Vortrages ist die Frage, ob A durch § 7 Abs. 6 TaxG in seinem Grundrecht auf Berufsfreiheit verletzt ist. Dies wäre der Fall, wenn durch § 7 Abs. 6 TaxG in den Schutzbereich dieses Grundrechts ohne verfassungsrechtliche Rechtfertigung eingegriffen würde.

161   1. Bei der Tätigkeit als Taxifahrer müsste es sich um einen Beruf im Sinne von Art. 12 Abs. 1 GG handeln.

In Anlehnung an den herkömmlichen Gewerbebegriff wird hierunter eine Tätigkeit von gewisser Dauer verstanden, die der Schaffung und Erhaltung einer Lebensgrundlage dient.[126] Zeitlich wird der gesamte berufsrelevante Lebensvorgang von der vorgelagerten Entscheidung, einen Beruf zu ergreifen, über dessen Wahl und Ausübung bis hin zur Berufsbeendigung erfasst. Funktionell erstreckt sich der Berufsbegriff sowohl auf selbständige als auch auf unselbständige Tätigkeiten.[127] Damit ist vorliegend der sachliche Schutzbereich der Berufsfreiheit betroffen.

Der persönliche Schutzbereich dieses sog. Deutschen-Grundrecht setzt voraus, dass A deutscher Staatsangehöriger ist. Mangels entgegenstehender Angaben im Sachverhalt ist dies zu unterstellen.

---

[126] Siehe nur BVerfGE 102, 197 (212).
[127] BVerfGE 54, 301 (322).

2. Ein Eingriff in ein Grundrecht liegt unter anderem dann vor, wenn **162** dem Einzelnen für ein Verhalten, das vom Schutzbereich eines Grundrechts umfasst ist, gegen seinen Willen bestimmte Vorgaben oder Einschränkungen gemacht werden. Hier wird dem A durch § 7 Abs. 6 TaxG gegen seinen Willen eine Pflicht, nämlich sein Lichtbild und seinen Namen in seinem Taxi anzubringen, auferlegt, die er für die Dauer seiner Berufsausübung erfüllen muss. Somit liegt ein Eingriff in die Berufsfreiheit des A vor.

3. Möglicherweise ist der Eingriff in die Berufsfreiheit aber verfas- **163** sungsrechtlich gerechtfertigt. Das Bundesverfassungsgericht hat hierzu ausgehend von Art. 12 Abs. 1 S. 2 GG, nach dem die Berufsausübung durch Gesetz oder aufgrund eines Gesetzes geregelt werden kann, die sog. Dreistufentheorie entwickelt. Danach werden Eingriffe in die Berufsfreiheit in drei Stufen zunehmender Eingriffsintensität unterschieden.[128]

Auf der ersten Stufe stehen die Berufsausübungsregelungen. Diese **164** betreffen die Modalitäten der beruflichen Tätigkeit, regeln also nicht das „Ob", sondern das „Wie" der Betätigung.

Die auf der zweiten Stufe befindlichen subjektiven Berufswahlbeschränkungen knüpfen die Zulassung zu einem Beruf an persönliche Eigenschaften und Fähigkeiten des Berufsanwärters an, die dieser selbst beeinflussen kann.

Demgegenüber machen auf der dritten Stufe objektive Berufswahlbeschränkungen den Zugang zu einem Beruf von Bedingungen abhängig, die mit der persönlichen Qualifikation des Berufsanwärters nicht zusammenhängen und auf deren Erfüllung er keinen Einfluss hat.[129]

Hier meint zwar A, durch die Regelung daran gehindert zu sein, den **165** Beruf des Taxifahrers zu ergreifen. Tatsächlich aber werden ihm nur Pflichten auferlegt, die er während der Berufsausübung zu erfüllen hat. § 7 Abs. 6 TaxG stellt somit eine Berufsausübungsregelung dar, da sie nicht den Zugang zu einem Beruf, also die Berufswahl, sondern nur die Modalitäten der Berufsausübung betrifft.

Im Verhältnis zu den objektiven und subjektiven Zulassungsregelungen stellen die Berufsausübungsregelungen grundsätzlich den geringsten Eingriff in die Berufsfreiheit dar. Aufgrund ihrer vergleichsweise niedrigen Eingriffsintensität sind Berufsausübungsregelungen bereits durch vernünftige Erwägungen bzw. hinreichende Gründe des Gemeinwohls bei Wahrung des Verhältnismäßigkeitsgrundsatzes gerechtfertigt.[130]

---

[128] Gut vertretbar ist es auch, die Dreistufenlehre erst im Rahmen der Verhältnismäßigkeit (Erforderlichkeit) anzusprechen.

[129] BVerfGE 7, 377 (407).

[130] BVerfGE 85, 248 (259); 93, 362 (369).

166   a) Damit komme ich zur Prüfung, ob § 7 Abs. 6 TaxG verhältnismäßig ist.

(1) Die Regelung des § 7 Abs. 6 TaxG soll es Taxigästen ermögli-
chen, den Fahrer leichter zu identifizieren und damit ihrer Sicherheit im
Taxenverkehr dienen.[131] Hierin liegt ein legitimer Zweck bzw. eine vernünftige Erwägung des Gemeinwohls.

167   (2) Ein Mittel ist bereits dann im verfassungsrechtlichen Sinne geeignet, wenn mit seiner Hilfe der gewünschte Erfolg gefördert werden
kann.[132] Die Möglichkeit der Zweckerreichung genügt.[133] Verfassungswidrig sind nur schlechthin ungeeignete Mittel.[134]

168   Letzteres ist hier nicht ersichtlich. Allenfalls könnte eingewandt werden, der Ausweis sei kein offizielles Dokument und gewährleiste daher
keine sichere Identifizierung. Es kann aber nicht zweifelhaft sein, dass
das Fahrerschild geeignet ist, ein mögliches Fehlverhalten des Fahrers,
das durch die Anonymität begünstigt wird, einzudämmen.[135] Dies gilt
schon deshalb, weil sich der Fahrgast infolge des Fahrerschilds leichter
über ein Fehlverhalten des Taxenfahrers beschweren kann und davon
auszugehen ist, dass der Fahrer dies bei seinem Verhalten berücksichtigen wird. Zudem steigert ein solches Schild das subjektive Sicherheits-
gefühl der Fahrgäste.[136]

169   (3) Eine geeignete Maßnahme muss jedoch auch erforderlich sein, das
heißt, es darf keine gleich geeignete, aber für den Betroffenen mildere Alternative zur Verfügung stehen.[137] Der Eingriff darf also in sachlicher,
räumlicher, zeitlicher und personeller Hinsicht nicht weiter gehen als notwendig.[138] Grundsätzlich sind Berufsausübungsregelungen bereits auf
der untersten Eingriffsstufe angesiedelt und damit innerhalb der Dreistufenlehre prinzipiell als mildeste Mittel einzuordnen.

170   Hier trägt A aber vor, die Regelung sei nicht erforderlich, weil es für
den Fahrgast bereits ausreichende Identifizierungsmerkmale und damit
auch Beschwerdemöglichkeiten gebe.[139]

Insofern ist ihm zuzugestehen, dass die Angaben zur Ordnungsnummer des Taxis und zum Namen und Betriebssitz des Unternehmers in

---

[131] Vgl. *OVG Hamburg* NJW 2005, 1209 (1210).
[132] BVerfGE 39, 210 (230); 63, 88 (115); 96, 10 (23); 103, 293 (307).
[133] BVerfGE 67, 157 (175); 96, 10 (23); 103, 293 (307).
[134] BVerfGE 30, 250 (263) m.w.N.
[135] *OVG Hamburg* NJW 2005, 1209 (1212).
[136] *OVG Hamburg* NJW 2005, 1209 (1212).
[137] BVerfGE 39, 210 (230); 109, 188 (191); BVerwGE 63, 88 (115).
[138] *Höfling*, Jura 1994, 169 (172).
[139] Hierzu und zum Folgenden *OVG Hamburg* NJW 2005, 1209 (1212).

dem jeweiligen Taxi gesetzlich vorgeschrieben sind. Das amtliche Kennzeichen des Fahrzeugs, die Angaben auf dem Quittungsblock und gegebenenfalls auch die Funknummer sind weitere Identifizierungsmöglichkeiten. Denkbar ist es daneben auch, durch einen Anruf bei der jeweiligen Funkzentrale den Namen des betreffenden Fahrers zu ermitteln. Jeder Unternehmer weiß, welcher Fahrer wann eine seiner Taxen fährt bzw. gefahren hat. Bei Verdacht der Begehung einer Straftat durch einen seiner Fahrer steht dem Unternehmer auch kein Zeugnisverweigerungsrecht und in der Regel auch kein Auskunftsverweigerungsrecht zu, so dass dieser verpflichtet ist, den jeweiligen Fahrer zu nennen, gegen den eine Beschwerde vorliegt oder erhoben werden soll. Sollte der Unternehmer dem nicht nachkommen, dürfte allein schon die Androhung des Widerrufs der Genehmigung wegen Unzuverlässigkeit genügen, den Namen des Fahrers zu nennen.

Es ist aber zweifelhaft, ob man hierin ein gleich geeignetes Mittel sehen kann. Die Überlegungen zu den alternativen Möglichkeiten zeigen deutlich, wie viel schwieriger es für den Fahrgast ist, den Namen des Fahrers zu ermitteln, wenn er den Namen nicht einfach vom Fahrerschild ablesen kann.[140] Gerade in jenen Fällen, in denen ein erhebliches Fehlverhalten des Fahrers stattgefunden hat, ist eine reguläre Beendigung der Fahrt mit Ausstellung einer lesbar unterschriebenen Quittung eher unwahrscheinlich.[141] Auch wird sich ein verschreckter oder verärgerter Fahrgast deutlich leichter an den Namen des Fahrers als an eine oft abstrakt gefasste Unternehmensbezeichnung und dazu noch an eine Taxennummer oder ein Kfz-Kennzeichen erinnern.[142] Somit gibt es kein milderes, aber gleich geeignetes Mittel.

Die Erforderlichkeit der Regelung des § 7 Abs. 6 TaxG ist deshalb zu bejahen. **171**

(4) Schließlich müsste die gesetzliche Verpflichtung verhältnismäßig im engeren Sinne sein. Unter dieser – daher auch als Angemessenheit bezeichneten – Voraussetzung wird verstanden, dass der Grundrechtseingriff in einem angemessenen Verhältnis zum verfolgten Zweck steht.[143] Geboten ist also eine Güterabwägung zwischen der Ausübung der gewährleisteten grundrechtlichen Freiheit einerseits und den durch den Eingriff geschützten Interessen andererseits. **172**

Wiederum kann auf die Dreistufenlehre Bezug genommen werden. Hier wird A allerdings entgegen seiner Behauptung nicht davon abgehalten, einen Beruf zu wählen, weil es ihm keinesfalls untersagt wird, **173**

---

[140] So zu Recht auch *OVG Hamburg* NJW 2005, 1209 (1212).
[141] *OVG Hamburg* NJW 2005, 1209 (1212).
[142] *OVG Hamburg* NJW 2005, 1209 (1212).
[143] BVerfGE 50, 217 (227); 80, 103 (107); 99, 202 (212 f.).

überhaupt als Taxifahrer tätig zu werden. Vielmehr regelt die Verpflichtung, ein Fahrerschild mitzuführen, wie gesehen lediglich die Modalitäten der Berufsausübung. Das Erfordernis, den Namen und ein Foto im
Taxi anzubringen, stellt damit lediglich eine geringfügige Beeinträchtigung der Art und Weise dar, in der A seinen Beruf ausübt.

Auf der anderen Seite stellt die individuelle Beförderung von Fahrgästen mittels privater Taxen einen wichtigen Teil des Verkehrs dar, und
es muss gewährleistet sein, dass der individuelle Transport der Fahrgäste
sicher und zuverlässig erfolgt. Die Nutzer der Taxen – insbesondere ältere, kranke und behinderte Personen – sind oftmals auf die Taxen angewiesen und können nicht auf andere Verkehrsmittel ausweichen.[144]

Bei einer Gesamtabwägung zwischen der Schwere des Eingriffs in
die Berufsfreiheit des Fahrers und dem Gewicht der den Eingriff recht-
fertigenden Gründe ist daher die Regelung nicht zu beanstanden.[145]

b) Der Eingriff in die Berufsfreiheit des A ist somit verhältnismäßig.

174   4. Ich komme damit zu dem Ergebnis, dass A durch § 7 Abs. 6 TaxG
in seinem Grundrecht auf Berufsfreiheit aus Art. 12 Abs. 1 GG nicht
verletzt ist, da der Eingriff in das Grundrecht verfassungsrechtlich gerechtfertigt ist, und danke für Ihre Aufmerksamkeit.

C. Literatur zur Vertiefung

Augsberg/Burkiczak, Übungsklausur – Öffentliches Recht: „Der anonyme Ta-
xifahrer", NWVBl. 2007, 74 ff.; *Kimms*, Das Grundrecht der Berufsfreiheit in der
Fallbearbeitung, JuS 2001, 664 ff.; *Kluth*, Das Grundrecht der Berufsfreiheit –
Art. 12 Abs. 1 GG, Jura 2001, 371 ff.; *Mann/Worthmann*, Berufsfreiheit (Art. 12
GG) – Strukturen und Problemkonstellationen, JuS 2013, 385 ff.; *Nolte/Tams*,
Grundfälle zu Art. 12 I GG, JuS 2006, 31 ff., 130 ff., 218 ff.

---

[144] *OVG Hamburg* NJW 2005, 1209 (1213).
[145] *OVG Hamburg* NJW 2005, 1209 (1213).

Aufgabe 7: Staatshaftungsrecht

A. Aufgabenstellung

Erläutern Sie im Überblick das „System" des deutschen Staatshaf- **175**
tungsrechts unter Einbeziehung der bestehenden Ausnahmen und Ge-
genausnahmen.

Bearbeitervermerk: Auf Folgenbeseitigungsansprüche ist ebenso wenig einzugehen wie auf europarechtliche Fragestellungen.

B. Lösungshinweise

I. Vortragsgliederung

1. Grundeinteilung
    a) Haftung für rechtswidrig-schuldhaftes Handeln (Schadensersatz)
    b) Haftung für rechtswidrig-schuldloses und rechtmäßiges Handeln (Entschädigung)
    c) Gefährdungshaftung

2. Die einzelnen Institute und ihre Voraussetzungen
    a) Amtshaftung nach § 839 BGB, Art. 34 GG
        aa) Grundstruktur
        bb) Voraussetzungen
            (1) Handeln eines Amtswalters
            (2) Verletzung einer drittbezogenen Amtspflicht
            (3) Schaden und Kausalität
            (4) Verschulden
            (5) Kein Haftungsausschluss
        cc) Beschränkungen und Ausnahmen
            (1) Keine Haftung für legislatives/normatives Unrecht
            (2) Keine Haftung für judikatives Unrecht
    b) Haftung aus aufopferungs-/enteignungsgleichem Eingriff
        aa) Grundstruktur, Rechtsgrundlage
        bb) Voraussetzungen
            (1) Hoheitlicher Eingriff in das Schutzgut
            (2) Unmittelbarkeitszusammenhang
            (3) Sonderopfer (indiziert)
            (4) Gemeinwohlnutzen
            (5) "Mitverschulden" und Subsidiarität
    c) Haftung aus aufopferndem/enteignendem Eingriff
        aa) Grundstruktur, Rechtsgrundlage
        bb) Voraussetzungen

II. Vortragsvorschlag

176   Sehr geehrte Damen und Herren,

in meinem Vortrag werde ich einen kurzen Überblick über das deutsche Staatshaftungsrecht geben. Das ist insofern schwierig, als strukturierende Normen weitgehend fehlen. Zwar hat der Bundesgesetzgeber

1981 ein Staatshaftungsgesetz verabschiedet.[146] Das Bundesverfassungsgericht hat dieses Gesetz jedoch kurz darauf aufgrund der damals fehlenden Gesetzgebungskompetenz des Bundes für verfassungswidrig erklärt.[147] Trotz der mittlerweile bestehenden Kompetenznorm des Art. 74
Abs. 1 Nr. 25 GG wurde kein neuer Kodifizierungsversuch unternom-
men. Es handelt sich daher um eine nach wie vor überwiegend richterrechtlich geprägte Materie.[148] Dennoch sind Systematisierungen möglich.

1. Dabei ist zunächst eine Grundeinteilung vorzunehmen: Demnach **177**
kann man grob unterscheiden zwischen der Haftung für rechtswidrig-
schuldhaftes Handeln, die als Rechtsfolge Schadensersatz gewährt, und
der Haftung für schuldloses und sogar rechtmäßiges Handeln, die auf
der Rechtsfolgenseite eine Entschädigung vorsieht. Daneben gibt es
auch noch Fälle einer weder von Verschulden noch von Rechtswidrigkeit abhängigen Gefährdungshaftung.

a) Die Haftung für schuldhaftes Handeln betrifft dabei insbesondere **178**
die Amtshaftung nach § 839 BGB, Art. 34 GG. Außerdem sind hierunter
aber beispielsweise auch Fälle schuldhafter Verletzung eines verwaltungsrechtlichen Schuldverhältnisses zu fassen.[149] Mit einem Erst-
Recht-Argument erstreckt zudem der BGH das eigentlich kein Verschulden voraussetzende Institut des enteignungsgleichen Eingriffs auch auf
Fälle rechtswidrig-schuldhafter Schädigungshandlungen.[150]

b) Die Haftung für schuldloses Handeln betrifft namentlich die Kons- **179**
tellationen des Aufopferungsanspruchs. Ich werde diese nachher im Einzelnen näher beschreiben. Ferner bestehen zahlreiche bereichsspezifi-
sche öffentlich-rechtliche Entschädigungsinstrumente.[151] Das betrifft na-

---

[146] BGBl. I 1981, S. 553. Dazu z. B. *Papier*, NJW 1981, 2321 ff.; s. a. Fri-
auf/Höfling/*Rüfner*, GG, Art. 34 Rn. 157 ff. (2007).

[147] BVerfGE 61, 149 ff.

[148] Demgegenüber wurde in der DDR bereits 1969 mit dem Staatshaftungsgesetz
(DDR-StHG) eine unmittelbare, verschuldensunabhängige Staatshaftung für schädigende Folgen rechtswidrigen hoheitlichen Verhaltens eingeführt. Es gilt heute
noch – abgesehen von Sonderregelungen im Polizei- und Straßenrecht – in Mecklen-
burg-Vorpommern. In Berlin und Sachsen wurde es aufgehoben, in Sachsen-Anhalt
wesentlich, in Brandenburg und Thüringen in Einzelheiten abgeändert. Zur Begren-
zung des Haftungsumfangs durch den Schutzzweck der verletzten Norm jetzt *BGH*
JZ 2006, 794 f.

[149] Dazu Ehlers/Pünder/*Grzeszick*, Verwaltungsrecht, § 46 Rn. 18 ff.; *Ossenbühl*, Staatshaftungsrecht, S. 341 ff.

[150] S. BGHZ 7, 296; ferner BGHZ 13, 88 (92) mit zusätzlichem Rückgriff auf
die Sonderopferlage.

[151] Dazu nur Ehlers/Pünder/*Grzeszick*, Verwaltungsrecht, § 46 Rn. 1 ff.

mentlich die Entschädigungsansprüche nach dem Polizeirecht, die Entschädigung bei Widerruf oder Rücknahme eines begünstigenden Verwaltungsakts nach §§ 49 Abs. 6, 48 Abs. 3 VwVfG und die Plangewährleistung gem. §§ 39 ff. BauGB.

180   c) Schließlich gibt es auch Fälle öffentlich-rechtlicher Gefährdungshaftung. Allerdings handelt es sich dabei nicht um ein allgemeines öffentlich-rechtliches Institut. Vielmehr sind derartige Ansprüche nur anzuerkennen, wenn sie spezialgesetzlich geregelt sind. Beispiele hierfür sind etwa die §§ 7 StVG, 22 WHG.[152]

181   2. Nach dieser ersten Übersicht wende ich mich im Folgenden einzelnen wichtigen Instituten des Staatshaftungsrechts zu. Wegen der besonderen praktischen Relevanz beschäftige ich mich dabei insbesondere mit der Amtshaftung nach § 839 BGB, Art. 34 GG und stelle dieser dann die Aufopferungsansprüche gegenüber.

182   a) aa) Mit der Amtshaftung nach § 839 BGB, Art. 34 GG wird, wie schon der Wortlaut der Normen erkennen lässt, nicht etwa eine unmittelbare Haftung des Staates geschaffen.

Ausgangspunkt ist vielmehr die privatrechtliche, deliktische Haftung des handelnden Amtswalters. Den Rechtsgrund der Haftung bildet insoweit allein § 839 BGB. Die verfassungsrechtliche Regelung des Art. 34 S. 1 GG stellt aber klar, dass die ursprünglich gegen den Beamten gerichtete Forderung auf den Staat übertragen wird. Das liegt im Interesse sowohl des geschädigten Dritten wie des handelnden Beamten. Der Geschädigte erhält so einen solventen Schuldner; für den Beamten ergibt sich eine Freistellung im Außenverhältnis. Im Innenverhältnis ist nach Art. 34 S. 2 GG der Regress ausdrücklich auf Fälle grob fahrlässigen oder vorsätzlichen Handelns beschränkt.

183   bb) Damit komme ich zu den Voraussetzungen der Amtshaftung:[153]

(1) Zunächst muss ein Handeln eines Amtswalters gegeben sein. Letzterer wird dabei als sog. Beamter im haftungsrechtlichen Sinne dann angenommen, wenn ein nach außen erkennbares hoheitliches Tätigwerden vorliegt; auf den beamtenrechtlichen Status kommt es nicht an. Des Weiteren muss der Beamte in Ausübung eines öffentlichen Amtes handeln. Die schädigende Handlung muss demnach in einem engen Zusammenhang mit der Amtsausübung stehen, darf also nicht nur „bei Gelegenheit" erfolgen.

---

[152] Weitere Beispiele bei *Ossenbühl*, Staatshaftungsrecht, S. 364 f.; Wolff/Bachof/Stober/Kluth/*Kluth*, Verwaltungsrecht, § 69 Rn. 1 ff.

[153] Zum folgenden nur *Maurer*, Verwaltungsrecht, § 26 Rn. 11 ff.; Wolff/Bachof/Stober/Kluth/*Kluth*, Verwaltungsrecht, § 67 Rn. 13 ff.

(2) Weiterhin muss der Amtswalter eine drittbezogene Amtspflicht **184** verletzt haben. Das setzt zunächst das Bestehen einer Amtspflicht voraus. Die Verletzung der Amtspflicht indiziert insoweit die Rechtswidrigkeit.

Problematisch kann insbesondere die Drittbezogenheit sein. Zu fragen ist hier erstens danach, ob die Amtspflicht überhaupt oder generell drittbezogen ist, zweitens, ob der Geschädigte zum Kreis der geschützten Personen gehört, und drittens, ob das betroffene Rechtsgut in den sachlichen Schutzbereich fällt. Die Drittbezogenheit fehlt typischerweise insbesondere bei legislativem bzw. normativem Unrecht. Ich werde hierauf später noch einmal zurückkommen.

(3) Diese Amtspflichtverletzung muss den entstandenen Schaden **185** adäquat kausal verursacht haben. Zu fragen ist hier, wie sich ein pflichtgetreuer Beamte verhalten hätte und ob in diesem Falle der Schaden ausgeblieben wäre.

(4) Die Amtshaftung setzt ein Verschulden voraus.[154] Dieses Ver- **186** schuldenserfordernis folgt unmittelbar aus der Fundierung im Deliktsrecht. Verschulden umfasst in diesem Sinne zunächst wie im Zivilrecht vorsätzliches und fahrlässiges Handeln. Weil aber gleichwohl gerade keine nur persönliche Haftung des Beamten vorgesehen ist, muss es den Anforderungen einer Staatshaftung angepasst werden.[155]

Damit die Haftung nicht zu stark von den persönlichen Umständen des handelnden Beamten abhängt, wird das Verschulden objektiviert und entindividualisiert: Objektivierung bedeutet dabei, dass die konkreten Fähigkeiten des jeweiligen Amtswalters prinzipiell unbeachtlich sind. Vielmehr ist allein entscheidend, wie sich ein idealtypischer, pflichtgetreuer Durchschnittsbeamter verhalten hätte. Ein besonderes, individuelles Sonderwissen wird allerdings berücksichtigt. Der Gesichtspunkt der Entindividualisierung entlastet den Geschädigten davon, einen konkret Verantwortlichen benennen zu müssen.

(5) Haftungsvoraussetzung ist weiterhin, dass kein Haftungsaus- **187** schluss vorliegt. Das betrifft namentlich die Regelung der § 839 Abs. 1 S. 2 BGB sowie die Frage des Mitverschuldens.

Die Subsidiaritätsklausel des § 839 Abs. 1 S. 2 BGB besagt, dass der **188** Beamte nicht haftet, wenn ihm nur Fahrlässigkeit vorzuwerfen ist und eine anderweitige Ersatzmöglichkeit besteht. Letztere muss allerdings tatsächlich – nicht nur rechtlich – bestehen und realistischerweise zeitnah durchsetzbar sein.

---

[154] Näher dazu *Lochte-Handjery*, JuS 2001, 1186 ff.
[155] S. nur Sachs/*Detterbeck*, GG, Art. 34 Rn. 83 ff.

Ob diese ursprünglich dem Schutz des Beamten dienende Klausel angesichts der umfassenden Überleitung gem. Art. 34 GG noch zeitgemäß ist, mag man bezweifeln. Die Rechtsprechung hat entsprechend Fallgruppen entwickelt, in denen sie nicht zur Anwendung kommen soll. Dies betrifft insbesondere Ansprüche, die selbst erkauft, verdient oder erarbeitet wurden, sowie den Fall, dass Ansprüche gegen andere Hoheitsträger vorliegen. Argument ist insoweit die Einheit der öffentlichen Hand. Ausgeschlossen ist die Anwendung ferner bei Ansprüchen, die aus der Teilnahme am allgemeinen Straßenverkehr resultieren sowie schließlich auch bei einer Verletzung der öffentlich-rechtlich geregelten Straßenverkehrssicherungspflicht.[156]

189   Die Haftung kann zudem durch ein Mitverschulden des Geschädigten eingeschränkt sein, § 254 BGB. Eine besondere Ausprägung dieses Mitverschuldensgedankens enthält § 839 Abs. 3 BGB: Demnach entfällt die Haftung, wenn der Geschädigte es vorsätzlich oder fahrlässig unterlassen hat, den Schaden durch Einlegung eines Rechtsmittels abzuwenden. Die Norm statuiert damit einerseits einen Vorrang des Primärrechtsschutzes, andererseits aber auch eine Beschränkung auf Fälle, in denen die Einlegung eines Rechtsmittels schuldhaft versäumt wurde. Der Begriff des Rechtsmittels ist dabei weit zu fassen: Er umfasst alle Rechtsbehelfe, die sich gegen eine Handlung oder Unterlassung richten, die eine Amtspflichtverletzung darstellen, wenn sie die Beseitigung oder Verhinderung der Amtspflichtverletzung zum Ziel haben und hierzu geeignet sind. Erfasst ist also beispielsweise auch der Antrag nach § 80 Abs. 5 VwGO, aber auch andere, formlose Rechtsbehelfe, nicht hingegen die Verfassungsbeschwerde, die gerade kein Rechtsmittel darstellt.

190   cc) Abschließend noch einige Bemerkungen zu den Beschränkungen der Staatshaftung. Nach überwiegender Ansicht ist eine Einschränkung verfassungsrechtlich zulässig, weil Art. 34 GG sie nur „grundsätzlich" normiert. Erforderlich ist aber jedenfalls, dass der Ausschluss erstens aus sachlichen Gründen geboten ist und zweitens auf einem formellen Gesetz beruht. Vor allem aber ist die Haftung mit Blick auf zwei der drei Staatsgewalten von vornherein weitgehend beschränkt: Grundsätzlich erfasst die Staatshaftung weder legislatives/normatives Unrecht noch judikatives Unrecht.

191   (1) Grund hierfür ist im Falle des legislativen Unrechts die fehlende Drittbezogenheit. Geltend gemacht wird insoweit ferner, dass angesichts der unübersehbaren Vielzahl von Betroffenen nicht hinnehmbare Risiken für den Staatshaushalt drohten. Eine Haftung für normatives Unrecht ist jedoch ausnahmsweise möglich, wenn die Drittbezogenheit der

---

[156] Hierzu *Maurer*, Allgemeines Verwaltungsrecht, § 26 Rn. 31.

Amtspflichtverletzung angenommen werden kann. Das ist beispielsweise der Fall bei rechtswidrigen Bebauungsplänen. Bei diesen steht der Kreis der Adressaten von vornherein fest und ist klar erkennbar. Gleiches dürfte für ähnliche, auf einen beschränkten Personenkreis anwendbare Normen gelten.[157]

(2) Mit Blick auf die Judikative folgt die Einschränkung aus dem sog. **192** Spruchrichterprivileg des § 839 Abs. 2 BGB. Der Richter haftet demnach bei einem Urteil einer Rechtssache nur, wenn die Amtspflichtverletzung zugleich eine Straftat darstellt. Nicht hierunter fallen aber die nicht-spruchrichterlichen Tätigkeiten, und insbesondere ist auch eine Haftung wegen Untätigkeit denkbar, § 839 Abs. 2 S. 2 BGB.

Damit komme ich nunmehr zu den Aufopferungsansprüchen.   **193**

b) Zunächst zur Haftung aus aufopferungs-/enteignungsgleichem Eingriff:

aa) Bei diesem besteht schon hinsichtlich der Grundstruktur und der **194** Rechtsgrundlage keine eindeutige Klarheit: Im Nachgang zum Nassauskiesungsbeschluss des Bundesverfassungsgerichts[158] wurde teilweise der Fortbestand des enteignungsgleichen Eingriffs in Frage gestellt.[159] Der BGH sah sich demgegenüber hierdurch nicht veranlasst, den enteignungsgleichen Eingriff als Haftungsinstitut zu verabschieden. Er wechselte lediglich dessen dogmatische Grundlage aus: Statt auf Art. 14 GG rekurriert die Rechtsprechung nunmehr ausdrücklich auf den „Aufopferungsgedanken in seiner richterrechtlich geprägten Ausformung".[160] Teilweise wird insoweit immer noch auf die Rechtsgrundlage der §§ 74, 75 Einl. Preuß. ALR verwiesen. Jedenfalls sind der enteignungsgleiche wie auch der aufopferungsgleiche Eingriff heute als gewohnheitsrechtlich anerkannte Institute anzusehen.[161]

bb) (1) Als Entschädigungsvoraussetzung ist zunächst ein hoheitlicher **195** Eingriff in das Schutzgut erforderlich. Letzteres verlangt dabei beim enteignungsgleichen Eingriff die Verletzung einer als Eigentum im Sinne des Art. 14 GG geschützten Rechtsposition, beim aufopferungsgleichen Eingriff die Verletzung einer sonstigen, nicht eigentumsrelevanten Rechtsposition.

---

[157] Vgl. *Maurer*, Allgemeines Verwaltungsrecht, § 26 Rn. 52.
[158] BVerfGE 58, 300 ff.
[159] S. *Ossenbühl*, Staatshaftungsrecht, S. 222 m.w.N.
[160] S. BGHZ 90, 17 (29); 91, 243 (252); 99, 24 (29); 102, 350 (357). Dazu *Papier*, JuS 1985, 184 ff; Wolff/Bachof/Stober/Kluth/*Kluth*, Verwaltungsrecht, § 72 Rn. 54 ff.
[161] S. nur Maunz/Dürig/*Papier*, GG, Art. 34 Rn. 35, 40 (2009).

196   (2) Die Verletzung muss keine finale Folge des hoheitlichen Handelns bilden, sondern sich als dessen „unmittelbare Auswirkung" darstellen.[162] Hierbei handelt es sich um ein nicht allein kausalitätsbezogenes, sondern wertungsoffenes Kriterium und mithin um eine umstrittene Kategorie.

197   (3) Weiterhin muss die Verletzung als Sonderopfer erscheinen, also eine Sonderstellung des Geschädigten begründen. Dabei ist zwischen rechtswidrigem und rechtmäßigem Staatshandeln zu differenzieren: Beim enteignungs- und aufopferungsgleichen Eingriff soll allein die Rechtswidrigkeit des Eingriffs das Vorliegen eines Sonderopfers indizieren.[163] Im Ergebnis entfällt damit hier diese Anspruchsvoraussetzung; sie besitzt nur noch für den enteignenden/aufopfernden Eingriff Bedeutung.

198   (4) Ähnliches gilt für das Erfordernis des Gemeinwohlnutzens. Da eine gemeinwohlnützliche rechtswidrige Handlung kaum vorstellbar erscheint, dürfte das Merkmal nur bei rechtmäßigen, nicht hingegen auch bei rechtswidrigen Eingriffen sinnvoll anzuwenden sein.

199   (5) Schließlich ist auch in diesen Fällen der Mitverursachungsbeitrag des Geschädigten zu berücksichtigen („Mitverschulden"), und mit Blick auf den aufopferungsgleichen Eingriff ist eine strikte Subsidiarität zu wahren.

200   c) Damit abschließend zur Haftung aus aufopferndem/enteignendem Eingriff.

aa) Auch für diese gilt mit Blick auf die Grundstruktur und Rechtsgrundlage, dass der BGH in Kenntnis des Nassauskiesungsbeschlusses an dem Institut festhält. Wie beim enteignungsgleichen Eingriff wird auch beim enteignenden Eingriff nunmehr die Grundlage im „allgemeinen Aufopferungsgrundsatz der §§ 74, 75 Einl. ALR […] in seiner richterrechtlichen Ausprägung" gesehen.[164]

201   bb) Im Übrigen ähneln die Voraussetzungen denen des enteignungsgleichen bzw. aufopferungsgleichen Eingriffs. Weil es aber gerade an der Rechtswidrigkeit des Eingriffs fehlt, kommt auf der Tatbestandsseite dem kompensierenden Kriterium der Sonderopferstellung besondere Bedeutung zu.

---

[162] So BGHZ 33, 44 (47); *BGH* NJW 1964, 104. Entscheidend ist demnach v. a. die Typizität des eingetretenen Schadens im Hinblick auf die „Eigenart der hoheitlichen Maßnahme", BGHZ 92, 34 (41).

[163] BGHZ 32, 208 ff.

[164] BGHZ 91, 20 (27 ff.).

Voraussetzung ist dabei namentlich eine auf den konkreten Einzelfall bezogene und dessen Sonderstellung begründende Argumentation. Ausgeschlossen sind damit vor allem Massenphänomene wie weitflächig auftretendes Waldsterben.[165] Berücksichtigung findet daneben die „Schwere" der Schädigung: Ein Sonderopfer soll demnach vorliegen, wenn diese eine bestimmte „Opfergrenze" überschreitet. Letztlich handelt es sich auch insoweit um eine dem konkreten Einzelfall anzupassende, von der Rechtsprechung flexibel gehandhabte Kategorie.

Ich danke Ihnen für Ihre Aufmerksamkeit.

C. Literatur zur Vertiefung

Brüning, Die Aufopferung im Spannungsfeld von verfassungsrechtlicher Eigentumsgarantie und richterlicher Ausgestaltung, JuS 2003, 2 ff.; *Durner*, Grundfälle zum Staatshaftungsrecht, JuS 1995, 793 ff., 900 ff.; *Hartmann/Tieben*, Amtshaftung, JA 2014, 401 ff.; *Höfling*, Vom überkommenen Staatshaftungsrecht zum Recht der staatlichen Einstandspflichten, in: Hoffmann-Riem/Schmidt-Aßmann/Voßkuhle (Hrsg.), Grundlagen des Verwaltungsrechts, Bd. 3, 2008, § 49; *Kemmler*, Ersatzansprüche wegen Beeinträchtigung des Eigentums, JA 2005, 156 ff.; *dies.*, Allgemeiner Aufopferungsanspruch und öffentlich-rechtlicher Erstattungsanspruch, JA 2005, 659 ff.; *Lege*, System des deutschen Staatshaftungsrechts, JA 2016, 81 ff.; *Sauer*, Staatshaftungsrecht. Eine Systematisierung für die Fallbearbeitung, JuS 2012, 695 ff., 800 ff.; *Schoch*, Die Haftung aus enteignungsgleichem und enteignendem Eingriff, Jura 1990, 140 ff.; *ders.*, Die Haftungsinstitute des enteignungsgleichen und enteignenden Eingriffs im System des Staatshaftungsrechts, Jura 1989, 529 ff.

---

[165] *BGH* NJW 2005, 1363 m.w.N. aus der Rspr. des BGH.

Aufgabe 8: Nebenbestimmungen

A. Aufgabenstellung

202   1. § 36 VwVfG enthält Regelungen zu sog. Nebenbestimmungen. Erläutern Sie, wann eine Nebenbestimmung in diesem Sinne vorliegt, welche Arten von Nebenbestimmungen es gibt und welche rechtlichen Probleme jeweils damit verbunden sind.

2. Die A-AG erhält eine Baugenehmigung für eine Windkraftanlage. Bauer B, der auf dem Nachbargrundstück wohnt, ist der Auffassung, diese Genehmigung hätte – wenn überhaupt – nur unter der „Bedingung" erteilt werden dürfen, dass die Windkraftanlage grundsätzlich einen bestimmten Lärmpegel nicht überschreitet und nachts völlig ausgeschaltet bleibt.

Was kann B tun?

Bearbeitervermerk: Die Wiedergabe des Sachverhalts ist nicht erforderlich.

B. Lösungshinweise

I. Vortragsgliederung

1. Nebenbestimmungen
    a) Arten und Merkmale
    b) Unterscheidung der gesetzlich bestimmten Nebenbestimmungen
    c) Zulässigkeit von Nebenbestimmungen, insbes. bei Ermessensentscheidungen
    d) Rechtsschutzfragen

2. Falllösung
    a) Möglichkeiten des B
       aa) Verpflichtungsklage auf Hinzufügung einer Nebenbestimmung?
       bb) Anfechtungsklage
    b) Einstweiliger Rechtsschutz nach §§ 80a, 80 Abs. 5 VwGO

II. Vortragsvorschlag

Sehr geehrte Damen und Herren,   **203**

mein Kurzvortrag gliedert sich in zwei Teile: Zunächst werde ich abstrakt die Problematik der Nebenbestimmungen nach § 36 VwVfG darstellen, und im Anschluss daran eine Falllösung präsentieren.

1. Zunächst allgemein zu den Nebenbestimmungen nach § 36 VwVfG.   **204**

a) Eine Nebenbestimmung im Sinne dieser Vorschrift setzt, wie schon der Name selbst es nahe legt, zweierlei voraus: Sie muss erstens eine „Neben-"Regelung sein, bedarf also eines sie begleitenden Hauptverwaltungsakts. Sie muss zweitens aber auch eine „-bestimmung" beinhalten, muss also eine eigenständige Regelungswirkung entfalten.
Keine Nebenbestimmung in diesem Sinne bilden daher insbesondere die Inhaltsbestimmung, Auflagen ohne Hauptverwaltungsakt, sog. modifizierende Auflagen sowie bloße Hinweise auf die Rechtslage.[166]

---

[166] Näher dazu z. B. Stelkens/Bonk/Sachs/*U. Stelkens*, VwVfG, § 36 Rn. 93 ff.

Der Inhaltsbestimmung fehlt es an der eigenen Regelungswirkung, weil sie (lediglich) bestimmt, wie weit die Regelung des Haupt-Verwaltungsakts reicht.[167] Ähnliches gilt für die Auskunft. Demgegenüber stellen die nach § 15 VersG möglichen Auflagen mangels eines Hauptverwaltungsakts keine Nebenbestimmungen im Sinne des § 36 VwVfG dar. Denn gemäß § 14 VersG muss eine Versammlung lediglich vom Veranstalter angemeldet, nicht hingegen behördlich genehmigt werden. Der gleichfalls missverständliche Begriff der modifizierenden Auflage schließlich betrifft deshalb keine Nebenbestimmung, weil es sich dabei um eine andersartige Regelung, nicht hingegen um einen bloßen Zusatz handelt.[168] Letztlich handelt es sich insoweit um eine Versagung verbunden mit einem „Gegenangebot"; das heißt überhaupt nicht um eine Nebenbestimmung. Ich werde hierauf im Rahmen des Rechtsschutzes noch einmal zurückkommen.

205   b) Innerhalb des so abgegrenzten Bereichs der Nebenbestimmungen ist aber schon nach dem Wortlaut des § 36 VwVfG weiter zu differenzieren.

Das betrifft zunächst die Unterscheidung zwischen unselbständigen und selbständigen Nebenbestimmungen.[169] Unselbständige Nebenbestimmungen werden zusammen mit dem Hauptverwaltungsakt „erlassen": erfasst sind hiervon die Befristung nach § 36 Abs. 2 Nr. 1 VwVfG, die (aufschiebende und auflösende) Bedingung nach § 36 Abs. 2 Nr. 2 VwVfG und schließlich der Widerrufsvorbehalt nach § 36 Abs. 2 Nr. 3 VwVfG, der aber letztlich ein Unterfall der auflösenden Bedingung ist. Selbständige Nebenbestimmungen sind solche, die mit dem Hauptverwaltungsakt „verbunden" werden: Hierunter fallen die Auflage gem. § 36 Abs. 2 Nr. 4 VwVfG, die für den Adressaten eine selbständige Belastung bedeutet, und der Auflagenvorbehalt nach § 36 Abs. 2 Nr. 5 VwVfG.

206   Im Einzelnen kann es dabei durchaus schwierig sein, zwischen den unterschiedlichen Erscheinungsformen zu differenzieren. Ein bestimmtes Verhalten des Adressaten kann beispielsweise sowohl mittels einer Bedingung wie einer Auflage abverlangt werden. Wie unterscheiden sich aber diese beiden Varianten?

Grundsätzlich gilt folgendes: Die Bedingung macht die Wirksamkeit/Unwirksamkeit des Verwaltungsakts vom Eintritt eines bestimmten

---

[167] S. z. B. *BVerwG* NVwZ-RR 2000, 213 ff.; *OVG Münster* NVwZ-RR 2000, 671 ff.

[168] S. z. B. Sodan/Ziekow/*Sodan*, VwGO, § 42 Rn. 21, 128, 190 mit Beispielen aus dem Bau- und Gewerberecht.

[169] Vgl. Knack/Henneke/*Henneke*, VwVfG, § 36 Rn. 7; *Ule/Laubinger*, Verwaltungsverfahrensrecht, § 50 Rn. 5 ff.

Ereignisses, also beispielsweise eines bestimmten Verhaltens, abhängig. Eine selbständige Vollstreckungsmöglichkeit ist damit nicht verbunden; der Nichteintritt der Bedingung hindert aber die Wirksamkeit des Verwaltungsaktes. Demgegenüber führt die Nichtbeachtung einer Auflage nicht automatisch zum Fortfall des Verwaltungsakts; die Auflage kann aber selbst isoliert vollstreckt werden. Letztlich ist deshalb im Einzelfall zu fragen, ob die selbständige Vollstreckbarkeit beabsichtigt ist oder der Verwaltungsakt gar nicht erst wirksam werden soll.

c) Damit komme ich zu der Frage der Zulässigkeit von Nebenbestim- **207** mungen.[170] Auch insoweit lassen die grundlegenden Aussagen sich bereits unmittelbar aus § 36 VwVfG folgern: Hiernach kommt es entscheidend darauf an, ob es sich um einen gebundenen Verwaltungsakt oder einen Ermessensverwaltungsakt handelt, ob also der Adressat einen Anspruch auf den Verwaltungsakt hat oder dessen Erlass im Ermessen der Verwaltung steht.

Gebundene Verwaltungsakte sind grundsätzlich nebenbestimmungsfeindlich. Gem. § 36 Abs. 1 VwVfG können sie nur dann durch Nebenbestimmungen ergänzt werden, wenn dies durch besondere Rechtsvorschriften vorgesehen ist. Nebenbestimmungen sind ferner ausnahmsweise zulässig, wenn sie sicherstellen sollen, dass die gesetzlichen Voraussetzungen für den Erlass des Verwaltungsakts erfüllt werden, wenn also ohne die Nebenbestimmung überhaupt kein Anspruch bestünde. Ein mögliches Beispiel für diesen letztgenannten Fall liefert die sogleich zu besprechende Fallbearbeitung.

Bei Ermessensverwaltungsakten ist hingegen die Beifügung von Ne- **208** benbestimmungen grundsätzlich zulässig, § 36 Abs. 2 VwVfG. Ausnahmsweise können aber auch hier bereichsspezifisch Nebenbestimmungen unzulässig sein. Das wird beispielsweise verbreitet für die Einbürgerungstatbestände gem. §§ 8 ff. StAG angenommen.[171]

In jedem Fall darf nach § 36 Abs. 3 VwVfG die Nebenbestimmung **209** nicht dem Zweck des Verwaltungsakts zuwiderlaufen, muss also jedenfalls in einem sachlichen Zusammenhang mit diesem stehen.

Daneben muss die Nebenbestimmung auch selbst den allgemeinen Rechtmäßigkeitsanforderungen entsprechen: Sie bedarf also erstens einer gesetzlichen Rechtsgrundlage. Prinzipiell sind hier spezialgesetzliche Regelungen vorrangig;[172] fehlen diese, ist § 36 VwVfG einschlägig.

Zweitens muss sie dieser gesetzlichen Grundlage in formeller und materieller Hinsicht gerecht werden. Dabei ist hinsichtlich Zuständigkeit

---

[170] Dazu auch *Schwerdtfeger/Schwerdtfeger*, Öffentliches Recht, S. 65 ff. m.w.N.

[171] Vgl. hierzu auch Stelkens/Bonk/Sachs/*U. Stelkens*, VwVfG, § 36 Rn. 9 ff.

[172] Z. B. § 33a Abs. 1 S. 3 GewO, § 5 Abs. 1 GastG, § 12 BImSchG.

und Form die Akzessorietät zum Hauptverwaltungsakt entscheidend; verfahrensrechtlich ist das Anhörungserfordernis nach § 28 Abs. 1 VwVfG hinsichtlich des belastenden Teils eines an sich begünstigenden Verwaltungsakts zu berücksichtigen.[173] In materieller Hinsicht ist schließlich insbesondere auf die Ermessensfehlerfreiheit gerade der Entscheidung für die Nebenbestimmung zu achten.

210   d) Der Rechtsschutz gegen Nebenbestimmungen gehört zu den umstrittensten Fragen des Verwaltungsprozessrechts. Teilweise wird allein die Verpflichtungsklage für zulässig erachtet, weil alle Nebenbestimmungen unselbständige Bestandteile des Verwaltungsaktes seien.

Die frühere Rechtsprechung unterschied demgegenüber nach der Art der Nebenbestimmung: Demnach konnten Auflagen gesondert mit der Anfechtungsklage angegriffen werden, da sie vom Verwaltungsakt abtrennbar waren. Bei den sonstigen Nebenbestimmungen sollte hingegen die Verpflichtungsklage statthaft sein.

Andere wiederum wollten nach der Art des Grundverwaltungsaktes differenzieren: Bei gebundenen Entscheidungen sollte die Anfechtungsklage statthaft sein, bei Ermessensentscheidungen hingegen die Verpflichtungsklage. Argumentativ gestützt wurde dies durch die Überlegung, dass durch eine isolierte Anfechtung einer Ermessensentscheidung der Ermessensspielraum der Behörde in unzulässiger Weise beeinträchtigt werden könnte. Der Behörde würde unter Umständen ein Verwaltungsakt aufgedrängt, den sie in dieser Form niemals erlassen hätte.

211   Nach der heute deutlich überwiegenden Ansicht können indes alle Nebenbestimmungen grundsätzlich isoliert mit der Anfechtungsklage angegriffen werden.[174]

Für diese Auffassung spricht vor allem der Wortlaut des § 113 Abs. 1 S. 1 VwGO. Dieser ermöglicht ausdrücklich die teilweise Aufhebung eines Verwaltungsakts („soweit"), mithin muss auch die Beseitigung einer rechtswidrigen Nebenbestimmung möglich sein, selbst wenn sie integraler Bestandteil des Verwaltungsakts ist.

Zudem besteht für eine isolierte Anfechtbarkeit ersichtlich ein praktisches Bedürfnis. Der Adressat eines begünstigenden Verwaltungsakts wird regelmäßig nicht diesen an sich nicht angreifen wollen, sondern nur die ihm beigefügte belastende Nebenregelung. Es ist dem Betroffenen

---

[173] Str., vgl. *Schoch*, Jura 2006, 833 (836).
[174] BVerwGE 112, 221 (224) = NVwZ 2001, 429 f.; dazu *Brüning*, NVwZ 2002, 1081 f.; s. a. Sodan/Ziekow/*Sodan*, VwGO, § 42 Rn. 20; *Schwerdtfeger/Schwerdtfeger*, Öffentliches Recht, S. 68 m.w.N.

nicht zumutbar, durch die Verpflichtungsklage das bereits Erreichte wieder zur Disposition zu stellen.[175]

Mit Blick auf den möglicherweise „aufgedrängten" Verwaltungsakt ist zusätzlich darauf zu verweisen, dass die Behörde keineswegs schutzlos gestellt ist. Vielmehr steht es ihr frei, eine neue, rechtmäßige Nebenbestimmung zu erlassen oder den Verwaltungsakt zu widerrufen.

Grundlegende Voraussetzung der isolierten Anfechtung ist allerdings **212** die Trennbarkeit von Hauptverwaltungsakt und Nebenbestimmung. In der Regel sind Belastung und Begünstigung klar trennbar. Im Übrigen kommt es darauf an, ob der Verwaltungsakt ohne die Nebenbestimmung noch einen selbständigen Gehalt hat.

Problematisch sind dabei Fälle, in denen infolge der isolierten Anfechtung der Nebenbestimmung ein rechtswidriger Restverwaltungsakt verbliebe. Dies scheint dem rechtsstaatlichen Prinzip zu widersprechen, dass Gerichtsentscheidungen rechtmäßige, nicht etwa rechtswidrige Zustände herstellen sollen. Letztlich wird man aber auch hier vor allem eine Pflicht der Verwaltung annehmen können, den rechtswidrigen Zustand durch Rücknahme des Verwaltungsaktes aufzuheben.[176] Insoweit dürfte der gerichtlichen Hinweispflicht nach § 86 Abs. 3 VwGO besondere Bedeutung zukommen. Denkbar ist es aber auch, hier infolge der fehlenden Trennbarkeit den Betroffenen doch auf die Verpflichtungsklage zu verweisen. Ähnliches gilt für die Konstellationen der aufschiebenden Bedingung.[177] In jedem Fall ist bei modifizierenden Auflagen eine Verpflichtungsklage zu erheben. Hierbei handelt es sich indes nicht um eine echte Ausnahme vom Grundsatz der isolierten Anfechtbarkeit, weil wie gesehen diese Fälle gar keine echten Nebenbestimmungen betreffen.

2. Im zweiten Teil meines Vortrages wende ich mich nunmehr einer **213** Fallkonstellation zu, in der die Frage nach den Rechtsschutzmöglichkeiten in einer etwas anders gelagerten Konstellation praktische Bedeutung erlangt.

a) Hinsichtlich der Möglichkeiten des B ist zu differenzieren: **214**

aa) In Betracht kommt einerseits ein Vorgehen, das die Hinzufügung der von ihm für erforderlich erachteten „Bedingung" zum Ziel hat. Insofern könnte eine auf den Erlass einer Nebenbestimmung gerichtete Verpflichtungsklage statthaft sein. B ist als Drittbetroffener durch einen die A-AG uneingeschränkt begünstigenden Verwaltungsakt belastet. Die von

---

[175] Sodan/Ziekow/*Wolff*, VwGO, § 113 Rn. 153 ff; s. a. *Ehlers*, Jura 2004, 30 (32).

[176] *Hufen/Bickenbach*, JuS 2004, 966 (967); anders insoweit *BVerwG* NVwZ 2001, 429.

[177] *OVG Berlin* NVwZ 2001, 1059 f.

ihm erwähnten sog. Bedingungen sollen seinem Schutz dienen. Es erscheint damit prinzipiell denkbar, durch eine selbständige Verpflichtungsklage die Beifügung einer entsprechenden Auflage zu verlangen.

Allerdings setzte dies voraus, dass eine solche Auflage möglich ist, ohne den Charakter des Hauptverwaltungsaktes zu ändern. Fraglich ist damit, ob die von B verlangten Änderungen als Neben- oder als Inhaltsbestimmung zu qualifizieren sind. Eine echte Auflage, also eine Nebenbestimmung, ist gegeben, wenn ihre Einhaltung Bestand und Wirksamkeit der Genehmigung nicht berühren soll. Demgegenüber betrifft eine Inhaltsbestimmung den Genehmigungsgegenstand selbst, indem sie ihn dem Umfang nach eingrenzt, gestaltet und näher qualifiziert.

Wendet man nun diese Kriterien auf den vorliegenden Fall an, sprechen die überwiegenden Gründe für die Annahme einer Inhaltsbestimmung. Denn die angedachten „Bedingungen" regeln die Betriebsweise des Windparks dahingehend, dass die Anlage nachts abgeschaltet und im Übrigen aus Lärmschutzgründen in der Nennleistung zurückgefahren wird. Bei einer derartigen zeitlichen und sachlichen Einwirkung auf den Genehmigungsgegenstand kann nicht mehr von einer abtrennbaren Auflage ausgegangen werden.[178] Eine Verpflichtungsklage wäre daher unstatthaft.

215   bb) Aber selbst wenn man das anders sehen sollte und eine Trennbarkeit bejahte, bliebe doch zumindest zweifelhaft, ob B einen hinreichend bestimmten, auf eine konkret beschriebene Auflage gerichteten Verpflichtungsantrag stellen könnte. Allenfalls ein Bescheidungsantrag käme wohl in Betracht. Im Ergebnis sollte B sich daher in jedem Fall sinnvollerweise darauf beschränken, die Genehmigung mit der Anfechtungsklage anzugreifen.[179]

216   b) Im Übrigen ist aber die Situation ersichtlich eilbedürftig. Deshalb ist an vorläufigen Rechtsschutz zu denken. Da gem. § 212a BauGB der Widerspruch gegen die Baugenehmigung keine aufschiebende Wirkung entfaltet, kommt hier ein Antrag nach §§ 80a, 80 Abs. 5 VwGO in Betracht. Ziel ist die Anordnung der aufschiebenden Wirkung.[180]

Ich danke Ihnen für Ihre Aufmerksamkeit!

---

[178] Wie hier *VG Ansbach*, Urteil vom 11.7.2007, Az.: AN 11 K 06.04.004, juris (Rn. 37 f. m.w.N. auch zur Gegenansicht). Kaum überzeugend ist es, zwischen Immissionsgrenzwerten und Betriebszeiten zu differenzieren und erstere als Inhaltsbestimmung, letztere als echte Auflage einzustufen, so aber *VG Schleswig*, Urteil v. 15.4.2004, Az.: 12 A 272/00, juris (Rn. 46 ff.). S. demggü. *BVerwG* NVwZ-RR 2000, 213 (213 f.).

[179] Vgl. dazu Stelkens/Bonk/Sachs/*U. Stelkens*, VwVfG, § 36 Rn. 63.

[180] Vgl. dazu z. B. *VG Trier* NJOZ 2005, 1767 ff.

C. Literatur zur Vertiefung

Axer, Nebenbestimmungen im Verwaltungsrecht, Jura 2001, 748 ff.; *Braun/Kettner*, Vom Winde verweht, VR 2005, 25 ff.; *Brenner*, Der Verwaltungsakt mit Nebenbestimmungen, JuS 1996, 281 ff.; *Budroweit/Wuttke*, Der vorläufige Rechtsschutz bei Verwaltungsakten mit Drittwirkung (§§ 80, 80a VwGO), JuS 2006, 876 ff.; *Debus*, Vorläufiger Rechtsschutz des Nachbarn im öffentlichen Baurecht, Jura 2006, 487 ff.; *Ehlers*, Die verwaltungsgerichtliche Anfechtungsklage, Jura 2004, 30 ff., 176 ff.; *ders.*, Die verwaltungsgerichtliche Verpflichtungsklage, Jura 2004, 310 ff.; *Fehling*, Nebenbestimmungen zu Verwaltungsakten, JA 1995, 945 ff.; *Hufen/Bickenbach*, Der Rechtsschutz gegen Nebenbestimmungen zum Verwaltungsakt, JuS 2004, 867 ff., 966 ff.; *Kaplonek/Mittag*, Nachbarschutz im öffentlichen Baurecht, JA 2006, 664 ff.; *Schoch*, Das rechtliche Gehör Beteiligter im Verwaltungsverfahren, Jura 2006, 833 ff.; *Seidel*, Ausnahme mit Hindernissen, JA 2003, 957 ff.; *Wagner*, Nebenbestimmungen zu Verwaltungsakten – Grundlegendes am Praxisbeispiel, JA 2008, 866 ff.

Aufgabe 9: Rücknahme erwünscht

A. Aufgabenstellung

217   1. Was versteht man unter direktem, was unter indirektem Vollzug des Unionsrechts?

2. Welche Probleme können in diesem Zusammenhang entstehen, wenn ein unionsrechtswidriger begünstigender (Geldleistungs-) Verwaltungsakt zurückgenommen werden soll?

B. Lösungshinweise

I. Vortragsgliederung

1. Vollzug des Unionsrechts
   a) Direkt durch Unionsorgane
   b) Indirekt durch die Mitgliedstaaten

2. Rücknahme von Verwaltungsakten
   a) Rechtsgrundlage
   b) Voraussetzungen
      aa)   Rechtswidrigkeit
      bb)   Vertrauensschutz?
         (1) Kein Ausschluss nach § 48 Abs. 2 S. 3 Nr. 3 VwVfG
         (2) Schutzunwürdigkeit
   c) Ermessen
   d) Frist
   e) Ergebnis

II. Vortragsvorschlag

Sehr geehrte Damen und Herren,   **218**

Gegenstand meines Vortrags wird das Problem der Rücknahme begünstigender Verwaltungsakte sein, deren Rechtswidrigkeit auf einem Verstoß gegen europarechtliche Vorgaben beruht. Zunächst jedoch werde ich allgemein erläutern, wie das Unionsrecht – wie es nach der Nomenklatur des Lissabon-Vertrags nun einheitlich heißt – vollzogen wird.

1. Die Europäische Union wird häufig als Rechtsgemeinschaft bezeich- **219** net. Tatsächlich erfolgt eine umfangreiche Rechtsetzung durch den Rat und das Parlament. Die so geschaffenen Normen müssen aber auch angewandt, also vollzogen werden. Insoweit ist zwischen dem direkten und dem indirekten Vollzug des Unionsrechts zu unterscheiden:[181]

---

[181] Diese traditionelle, zweigeteilte Konstruktion wird zunehmend durch eine dritte Ebene ergänzt bzw. überlagert, um der zunehmenden Bedeutung des sog. Kooperations- oder Verbundverwaltungsrechts Rechnung zu tragen. Vgl. dazu etwa *Augsberg*, in: Terhechte (Hrsg.), Verwaltungsrecht der Europäischen Union, 2. Aufl. 2018, § 6 Rn. 14 ff.; Calliess/Ruffert/*Ruffert*, EUV/AEUV, Art. 197 AEUV Rn. 7 ff.; s. a. *EuGH* NVwZ 2004, 459 f.

220   a) Direkter Vollzug meint den Vollzug durch Organe der Union. Dies
ist aber schon deshalb nur ausnahmsweise möglich, weil der erforderliche administrative Unterbau fehlt. Beispiele für einen solchen direkten
Vollzug durch die Kommission finden sich aber z. B. im Bereich des
Kartell- oder des Beihilferechts. Die Mitgliedstaaten sind in diesem Fall
nach Art. 291 AEUV zur Kooperation verpflichtet.

221   b) Typischerweise werden indes die Bestimmungen des Unionsrechts
indirekt, also durch die entsprechenden Organe der Mitgliedstaaten,
vollzogen.
      Innerhalb des indirekten Vollzugs werden dabei zwei Erscheinungs-
formen unterschieden: Einerseits der sog. unmittelbare indirekte Vollzug, d. h. der Vollzug von unmittelbar geltendem Unionsrecht, also von
Verordnungen und unmittelbar wirkenden Richtlinienbestimmungen.
Andererseits der sog. mittelbare indirekte Vollzug; dieser umfasst den
Vollzug von auf europäischen Vorgaben beruhendem deutschem Aus-
führungsrecht.

222   In beiden Varianten werden die nationalen Verwaltungseinheiten
doppelfunktional verwendet: Sie bleiben Bestandteil der nationalen Ver-
waltungsorganisation, dienen aber zugleich auch gewissermaßen als
Verwaltungsunterbau der Union.
      Prinzipiell erfolgt dieser indirekte Vollzug nach Maßgabe des jewei-
ligen nationalen Verwaltungsverfahrens- und Verwaltungsorganisati-
onsrechts. Dieses wird aber bisweilen durch europäische Anforderungen
überlagert und modifiziert, weil die Anwendung des nationalen Rechts
die Tragweite und die Wirksamkeit des Unionsrechts nicht beeinträchtigen darf. Hier kann es also zu Konflikten zwischen nationalen und europäischen Rechtsvorgaben kommen.

223   2. Damit bin ich beim zweiten Teil meines Vortrags angelangt. Denn
einen typischen Anwendungsfall für eine derartige Problematik bilden
begünstigende Verwaltungsakte, insbesondere Subventionsbescheide,
die zunächst bestandskräftig werden, dann aber nachträglich als infolge
eines Verstoßes gegen europäische Vorgaben rechtswidrig erkannt werden und entsprechend zurückgenommen werden sollen.[182]

224   Hier stellt sich das Problem, dass es gerade keine umfassende unions-
rechtliche Regelung für die Rücknahme unionsrechtswidriger Verwaltungsakte gibt; das europäische Recht ist vielmehr im Bereich des indirekten Vollzugs wie gezeigt auf die nationalen Vorschriften angewiesen.

---

[182] Allgemein zu Rücknahme und Widerruf von Verwaltungsakten z. B.
Schwerdtfeger/Schwerdtfeger, Öffentliches Recht, S. 69 ff. m. w. N.; *Geron*, JA
2002, 229 ff.

Auch für die Rücknahme bleibt somit das jeweilige nationale Verwaltungsverfahrensrecht und materielle Verwaltungsrecht maßgeblich.

Allerdings gilt dies nicht vorbehaltlos: Grundsätzlich ist der Vorrang des Unionsrechts zu beachten.[183]

Insbesondere dürfen nach ständiger Rechtsprechung des EuGH die nationalen Vorschriften nicht die Tragweite und Wirksamkeit des Unionsrechts beeinträchtigen oder dessen Verwirklichung praktisch unmöglich machen.[184]

a) Als Rechtsgrundlage für die Rücknahme eines rechtswidrigen Verwaltungsakts sind insbesondere § 48 VwVfG bzw. die diesem entsprechenden landesrechtlichen Vorschriften von Relevanz. Meine Ausführungen beschränken sich insoweit beispielhaft auf die bundesgesetzliche Regelung. **225**

b) Nach § 48 VwVfG kann ein rechtswidriger Verwaltungsakt auch nach Eintritt seiner Unanfechtbarkeit ganz oder teilweise zurückgenommen werden. Uneingeschränkt gilt dies aber nur für belastende Verwaltungsakte, an deren Rücknahme die Adressaten prinzipiell selbst interessiert sind.[185] **226**

Hingegen ist die Rücknahmemöglichkeit bei begünstigenden Verwaltungsakten beschränkt: Soweit die Begünstigung in einer Geldleistung bestand, ist die Rücknahme unzulässig, wenn der Begünstigte auf den Bestand des Verwaltungsaktes vertraut hat und sein Vertrauen unter Abwägung mit dem öffentlichen Rücknahmeinteresse schutzwürdig erscheint. Ein solches schutzwürdiges Vertrauen kann aber nur derjenige aufbauen, der die Rechtswidrigkeit des Verwaltungsaktes nicht kannte bzw. grob fahrlässig verkannte. Zudem ist die Rücknahme an eine Frist gebunden und nur innerhalb eines Jahres ab Kenntniserlangung der Behörde zulässig.

Es stellt sich damit die Frage, ob diese dem Schutz des Begünstigungsempfängers dienenden Regelungen die Tragweite und Wirksamkeit unionsrechtlicher Regelungen derart beeinträchtigen, dass im Einzelfall von ihnen abgewichen werden muss.

aa) Keine besonderen Schwierigkeiten bestehen hinsichtlich der Grundvoraussetzung der Rechtswidrigkeit des Verwaltungsakts. Hier kann das nationale Recht an das europäische anknüpfen: Die Unionsrechtswidrigkeit führt zur Rechtswidrigkeit im Sinne des nationalen **227**

---

[183] Dazu *Terhechte*, JuS 2008, 403 ff.

[184] S. nur *Pache*, NVwZ 1994, 318 (321 m.w.N.).

[185] Näher dazu mit Gemeinschaftsrechtsbezug *Britz/Richter*, JuS 2005, 198 ff.

Rechts. Entsprechend kann für die Feststellung der Rechtswidrigkeit beispielsweise auf eine bestandskräftige negative Beihilfeentscheidung der Kommission verwiesen werden; damit steht die materielle Rechtswidrigkeit der Beihilfe und eines eventuellen Beihilfebescheides auch innerstaatlich verbindlich fest.[186]

228   bb) Problematisch ist allerdings der in § 48 Abs. 2 VwVfG normierte Vertrauensschutzgrundsatz. Danach dürfen Geldleistungsverwaltungsakte nicht zurückgenommen werden, „soweit der Begünstigte auf den Bestand des Verwaltungsaktes vertraut hat und sein Vertrauen unter Abwägung mit dem öffentlichen Interesse an einer Rücknahme schutzwürdig ist."

Nun könnte man meinen, ein Konflikt mit dem Unionsrecht sei hier ausgeschlossen, weil die für die Grundsätze des Vertrauensschutzes und der Rechtssicherheit nicht nur dem Rechtsstaatsprinzip des deutschen Grundgesetzes entsprechen, sondern auch Bestandteil der Rechtsordnung der Union selbst sind.[187] Das könnte dafür sprechen, die von § 48 Abs. 2 VwVfG geregelte Berücksichtigung des schutzwürdigen Vertrauens als unionsrechtskonform einzustufen.

Auf der anderen Seite fordert das Unionsrecht aber auch seine möglichst effektive und unionsweit einheitliche Durchsetzung. In diesem Zielkonflikt zwischen Rechtssicherheit, Vertrauensschutz und Gesetzmäßigkeit bewegt sich zwar auch § 48 Abs. 2 VwVfG. Offen ist damit aber noch, ob die dort getroffene Regelung auch mit den Forderungen des Unionsrechts in Einklang steht bzw. wie bei der Anwendung im Rahmen der Abwägung auch dem Interesse der Union Rechnung getragen werden kann. Das macht eine nähere Betrachtung der Norm erforderlich:

229   (1) Ansatzpunkt für eine Berücksichtigung des Unionsinteresses könnte zunächst § 48 Abs. 2 S. 3 Nr. 3 VwVfG sein. Diesem zufolge entfällt ein schutzwürdiges Vertrauen, wenn der Begünstigte die Rechtswidrigkeit des Verwaltungsaktes kannte oder infolge grober Fahrlässigkeit nicht kannte. An dieser Stelle könnte daher erwogen werden, das Vertrauensschutzinteresse des Begünstigten zu verneinen, wenn eine staatliche Beihilfe ohne Beachtung des in Art. 108 AEUV zwingend vorgeschriebenen Überwachungsverfahrens, also ohne die Kontrolle der Kommission, gewährt wurde. Argumentativ stützen ließe sich dies damit, dass die Durchführung dieses Verfahrens eine sichere Grundlage für ein Vertrauen auf die materielle Rechtmäßigkeit der Beihilfe biete

---

[186] Zur Sonderkonstellation der Rücknahme eines bestandskräftigen Verwaltungsentscheidung, um einer Vorabentscheidung des EuGH Rechnung zu tragen, s. *EuGH* NVwZ 2004, 459 f. Dazu auch *Kanitz/Wendel*, JuS 2008, 58 ff.

[187] S. nur *EuGH* NVwZ 2004, 459;; *Triantafyllou*, NVwZ 1992, 436 ff.

und dies auch für einen sorgfältigen Begünstigungsempfänger leicht feststellbar sei.

Demgegenüber ist allerdings auf die engen Voraussetzungen des § 48 **230** Abs. 2 S. 3 Nr. 3 VwVfG zu verweisen. Dieser verlangt positive Kenntnis oder grob fahrlässige Unkenntnis von der Rechtswidrigkeit. Erforderlich wäre demnach mindestens eine besonders schwerwiegende Missachtung der im Verkehr erforderlichen Sorgfalt. Diesem strengen Maßstab dürfte die bloße Nichtwahrnehmung einer rechtlich sonst nicht geforderten Erkundigungsmöglichkeit nicht genügen.[188] Mit § 48 Abs. 2 S. 3 Nr. 3 VwVfG kann daher die Rücknahme nicht legitimiert werden.

(2) Ein genereller Ausschluss des Vertrauensschutzes widerspräche **231** auch dem in § 48 Abs. 2 VwVfG enthaltenen, auf eine Abwägung angelegten Ausgleichsmechanismus. Das spricht dafür, das Unionsinteresse bei der Feststellung der Schutzwürdigkeit des (betätigten) Vertrauens zu berücksichtigen.

In diesem Sinne bezieht z. B. das Bundesverwaltungsgericht[189] die Regelvermutung zugunsten der Schutzwürdigkeit des Vertrauens nur auf die Situation, in der sich die Rechtswidrigkeit allein aus dem Verstoß gegen nationale Rechtsvorschriften ergibt. Demgegenüber trete bei unionsrechtswidrigen Beihilfen das Ziel der Durchsetzung der unionsrechtlichen Wettbewerbsordnung hinzu, weshalb in diesen Fällen eine Schutzunwürdigkeit des Vertrauens nicht angenommen werden könne.

Dieser Auffassung stimme ich zu: Sie berücksichtigt nicht nur die **232** grundsätzliche Struktur des § 48 Abs. 2 VwVfG, sondern wird auch dem situationstypischen komplizierten Interessengeflecht gerecht. Für die Rücknahme sprechen bei unionsrechtswidrigen Beihilfen nicht nur – wie sonst auch – das öffentliche Interesse an der Gesetzmäßigkeit der Verwaltung und öffentliche fiskalische Interessen.

Vielmehr treten zusätzliche Gründe hinzu, die zum Überwiegen des öffentlichen Rücknahmeinteresses führen: Zum einen betrifft dies das öffentliche Interesse an der Durchsetzung der unionsrechtlichen Wettbewerbsordnung, zum anderen aber auch die Pflicht der Bundesrepublik Deutschland zur Durchsetzung des Primärrechts.[190] Im Übrigen kann jedenfalls an dieser Stelle berücksichtigt werden, dass der Begünstigte sich über die Durchführung des Überwachungsverfahrens hätte informieren können.

---

[188] *Pache*, NVwZ 1994, 318 (322 f.).
[189] BVerwGE 92, 81 (83 ff.); ebenso *BVerwG* NVwZ 1995, 705 (706).
[190] S. nur Stelkens/Bonk/Sachs/*Sachs*, VwVfG, § 48 Rn. 171 f. m.w.N.

233   Vor dem Hintergrund des erhöhten öffentlichen Rücknahmeinteresses und der nur eingeschränkten Schutzwürdigkeit des privaten Vertrauensschutzinteresses bei unionsrechtswidrigen nationalen Beihilfebescheiden ist es daher zulässig, die Fälle unionsrechtswidriger Verwaltungsakte nicht der Regelvermutung des § 48 Abs. 2 VwVfG zu unterstellen, sondern auch bei bereits betätigtem Vertrauen ein Überwiegen des Rücknahmeinteresses zu bejahen. Der Empfänger unionsrechtswidriger nationaler Beihilfen wird hierdurch nicht unbillig benachteiligt, weil wie gezeigt der Vertrauensschutzgedanke grundsätzlich auch im Unionsrecht verankert ist.

234   c) Folgt man dieser Ansicht, ist es weiterhin nur konsequent, auf der Rechtsfolgenseite von einer Reduzierung des eigentlich vorgesehenen Ermessens auszugehen. Die deutschen Behörden müssen daher unionsrechtswidrige Verwaltungsakte auch dann zurücknehmen, wenn sie bereits bestandskräftig sind.

235   d) Fraglich kann schließlich noch sein, ob eine solche Rücknahme auch nach Ablauf der Jahresfrist des § 48 Abs. 4 S. 1 VwVfG noch zulässig ist. Hier wirkt sich zum einen aus, dass diese Frist nach überwiegender Auffassung erst dann zu laufen beginnt, wenn die Rücknahmebehörde die Rechtswidrigkeit des Verwaltungsakts erkannt hat und ihr sämtliche für die Rücknahme außerdem erheblichen Tatsachen vollständig bekannt sind.[191] Was aber, wenn gleichwohl die Frist bereits verstrichen ist? Darf dann dennoch der Verwaltungsakt noch zurückgenommen werden?

Der EuGH hat diese Frage in einem Vorlageverfahren bejaht.[192] Gegen die Befristung spricht wiederum das Interesse an der Durchsetzung des Unionsrechts, darüber hinaus soll der Gefahr vorgebeugt werden, dass die nationalen Behörden bewusst die Frist verstreichen lassen, um „ihren" Unternehmen die Beihilfen dauerhaft zu sichern.[193]

236   e) Damit komme ich zum Schluss zu einer zusammenfassenden Bewertung: Letztlich kann ein Konflikt zwischen den Rechtsebenen nicht geleugnet werden. Eine unionsfreundliche Anwendung des § 48 Abs. 2 VwVfG stellt aber sicher, dass weder pauschal die Rückforderung unionsrechtswidriger Beihilfen ausgeschlossen noch das Unionsinteresse an einer Rückforderung unzureichend berücksichtigt wird.

Vielen Dank für Ihre Aufmerksamkeit.

---

[191] *BVerwG* NJW 1985, 819 (820 f.); NJW 1993, 2764 (2766).
[192] *EuGH* NJW 1998, 47 ff.; dazu Calliess/Ruffert/*Cremer*, EUV/AEUV, Art. 108 AEUV Rn. 29 f. m.w.N.
[193] S. *Maurer*, Allgemeines Verwaltungsrecht, § 11 Rn. 55 ff. m.w.N.

C. Literatur zur Vertiefung

Britz/Richter, Die Aufhebung eines gemeinschaftsrechtswidrigen nicht begünstigenden Verwaltungsakts, JuS 2005, 198 ff.; *Cole/Haus*, Grundfälle zum Europarecht, 3. Teil: Organe, Handeln und Rechtswirkungen der EG, JuS 2003, 145 ff.; *Giegerich*, Europarecht und deutsches Recht – Wechselwirkungen in der Fallbearbeitung, JuS 1997, 714 ff.; *Jarass/Beljin*, Die Bedeutung von Vorrang und Durchführung des EG-Rechts für die nationale Rechtsetzung und Rechtsanwendung, NVwZ 2004, 1 ff.; *Kamann/Selmayr*, „Europäisierter" Vertrauensschutz, JuS 1998, 148 ff.; *Kanitz/Wendel*, Europarechtlich induzierte Durchbrechung der Bestandskraft?, JuS 2008, 58 ff.; *Ludwigs*, Rückforderung privatrechtlich gewährter, gemeinschaftsrechtswidriger Beihilfen durch Verwaltungsakt, Jura 2007, 612 ff.; *Martini*, Die Aufhebung von Verwaltungsakten nach §§ 48 ff. VwVfG, JA 2017, 838 ff.; JA 2016, 830 ff.; JA 2013, 442 ff.; JA 2012, 762 ff. *Struzina/Lindner*, Vertrauensschutz bei der Rücknahme von Verwaltungsakten nach § 48 III VwVfG, NVwZ 2016, 1295 ff.; *Triantafyllou*, Zur „Europäisierung" des Vertrauensschutzes (insbesondere § 48 VwVfG) – am Beispiel der Rückforderung staatlicher Beihilfen, NVwZ 1992, 436 ff.

Aufgabe 10: Bis in die Haarspitzen

A. Aufgabenstellung

237   Im Rahmen einer routinemäßigen Verkehrskontrolle findet die Polizei im Wagen des K 250 g Cannabiskraut mit einem THC-Gehalt von 38 g (= rund 2545 Konsumeinheiten). K gibt an, das Cannabis sei zum Eigenbedarf bestimmt gewesen. Eine unmittelbar vorgenommene Blutuntersuchung bei K bleibt negativ. Dennoch besteht der Verdacht, dass er als regelmäßiger Drogenkonsument nicht zur Teilnahme am Straßenverkehr geeignet ist.

Um die Langzeitkonsumgewohnheiten des K festzustellen, ordnet die Behörde deshalb eine rechtsmedizinisch-toxikologische Untersuchung der (unbestritten wegen der Wachstumsdauer einzig hierfür tauglichen) Kopfhaare des K an. Zu den drei angesetzten Untersuchungsterminen erscheint K auch. Obwohl er auf die Bedeutung der Haarlänge hingewiesen wird, sind seine Haare aber jedes Mal so kurz geschoren, dass eine Untersuchung nicht möglich ist.

Daraufhin entzieht ihm die Behörde seine Fahrerlaubnis und ordnet den Sofortvollzug an. Die erhebliche Menge an gefundenen Drogen spreche für einen regelmäßigen Drogenkonsum. Schon dies könne die Annahme der Ungeeignetheit zum Führen eines Kraftfahrzeugs rechtfertigen. Jedenfalls aber ergebe sich diese nach § 11 Abs. 8 FeV aus der verweigerten Mitwirkung an der Untersuchung. Zur Begründung der Anordnung des Sofortvollzugs verweist sie auf die erheblichen Gefahren, die von intoxikierten Fahrern ausgehen.[194]

K will so schnell wie möglich wieder Auto fahren. Das Vorgehen der Behörde sei eindeutig rechtswidrig. Man könne ihm doch seine Fahrerlaubnis nicht wegen seines Haarschnitts entziehen. Schließlich umfasse sein verfassungsrechtlich garantiertes Persönlichkeitsrecht auch das Aussehen; er dürfe mithin auch über seinen Haarschnitt alleinverantwortlich entscheiden.

Was kann K tun, um sein Ziel zu erreichen?

Bearbeitervermerk: Der Sachverhalt braucht nicht wiedergegeben zu werden. Es ist davon auszugehen, dass K zwar Widerspruch gegen die Entziehungsverfügung eingelegt hat, sich aber nicht noch einmal wegen des Sofortvollzugs direkt an die Behörde gewandt hat.

---

[194] Sachverhalt in Anlehnung an *OVG Hamburg* NJW 2004, 2399 f.

B. Lösungshinweise

I. Vortragsgliederung

1. Zulässigkeit des Antrags nach § 80 Abs. 5 VwGO
   a) Eröffnung des Verwaltungsrechtswegs
   b) Statthafte Verfahrensart
   c) Weitere Sachentscheidungsvoraussetzungen
   d) Antragsbefugnis
   e) Rechtsschutzbedürfnis
      aa) Widerspruchseinlegung
      bb) Antrag nach § 80 Abs. 4 VwGO
   f) Zwischenergebnis

2. Begründetheit des Antrags nach § 80 Abs. 5 VwGO
   a) Formelle Rechtmäßigkeit der Anordnung der Sofortvollzugs
      aa) Zuständigkeit
      bb) Anhörung
      cc) Begründung nach § 80 Abs. 3 VwGO
   b) Materielle Rechtmäßigkeit der Anordnung der Sofortvollzugs: Interessenabwägung, Rechtmäßigkeit der Entziehung
      aa) Rechtsgrundlage
      bb) Formelle Rechtmäßigkeit der Entziehungsverfügung
      cc) Materielle Rechtmäßigkeit der Entziehungsverfügung
         (1) Cannabiskonsum
         (2) Unterlassene Mitwirkung bei der Untersuchung
            (a) Rechtmäßigkeit der Untersuchungsanordnung
            (b) Weigerung i.S.d. § 11 Abs. 8 FeV?
   c) Vorliegen eines besonderen Vollzugsinteresses

3. Ergebnis

II. Vortragsvorschlag

Sehr geehrte Damen und Herren,   **238**

in meinem Vortrag beschäftige ich mich anhand des Ihnen bekannten Sachverhalts mit den Möglichkeiten, gegen die Entziehung einer Fahrerlaubnis vorzugehen. Da bereits ein Widerspruch eingelegt wurde, sind die gerichtlichen Rechtsschutzmöglichkeiten zu prüfen.

239   1. In Betracht kommt hier zunächst eine Anfechtungsklage nach § 42 Abs. 1 Alt. 1 VwGO. Deren Einlegung führt grundsätzlich zur aufschiebenden Wirkung nach § 80 Abs. 1 VwGO. Zumindest vorläufig erhielte K daher seine Fahrerlaubnis zurück. Vorliegend entfaltete aber wegen der Anordnung des Sofortvollzugs eine Anfechtungsklage – ebenso wie der von K bereits eingelegte Widerspruch – keine aufschiebende Wirkung.[195] K möchte jedoch möglichst rasch wieder Auto fahren.

240   Deshalb ist einstweiliger Rechtsschutz geboten. Ein entsprechender Antrag ist erfolgreich, wenn er zulässig und begründet ist.

a) Im Rahmen der allgemeinen Sachentscheidungsvoraussetzungen muss zunächst der Verwaltungsrechtsweg eröffnet sein. Dies ergibt sich hier aus § 40 Abs. 1 S. 1 VwGO, weil die zugrunde liegenden Normen dem öffentlichen Recht entstammen und keine Sonderzuweisungen ersichtlich sind.

241   b) Weiterhin ist zu klären, welche Verfahrensart des einstweiligen Rechtsschutzes statthaft ist. Dies bestimmt sich in entsprechender Anwendung des eigentlich nur für Klagen geltenden § 88 VwGO nach dem Rechtsschutzbegehren. Hier möchte K gegen die Verfügung der Behörde vorgehen, um auf diese Weise seine Fahrerlaubnis (vorläufig) zurückzuerhalten. Bei dieser Verfügung handelt es sich um einen Verwaltungsakt im Sinne des § 35 S. 1 VwVfG; in der Hauptsache wäre daher eine Anfechtungsklage zu erheben.

242   Dieser käme aber aufgrund der Anordnung des Sofortvollzugs nach § 80 Abs. 2 S. 1 Nr. 4 VwGO keine aufschiebende Wirkung nach § 80 Abs. 1 VwGO zu.

In einem solchen Fall ermöglicht es der nach § 123 Abs. 5 VwGO vorrangig anwendbare § 80 Abs. 5 S. 1 2. Var. VwGO, über eine Eilentscheidung des Verwaltungsgerichts die aufschiebende Wirkung wiederherzustellen.

243   c) Die weiteren Sachentscheidungsvoraussetzungen des Verfahrens nach § 80 Abs. 5 VwGO entsprechen grundsätzlich denen der Anfechtungsklage:[196] Hinsichtlich der Zuständigkeit des Gerichts, der Beteiligten- und Prozessfähigkeit und der Formerfordernisse enthält der Sachverhalt keine besonderen Anhaltspunkte; sie können damit als gegeben unterstellt werden. Ebenso ist davon auszugehen, dass sich der Antrag gem. § 78 VwGO in entsprechender Anwendung gegen den richtigen Antragsgegner richtet.

---

[195] Dazu umfassend Finkelnburg/Dombert/Külpmann/*Finkelnburg*, Vorläufiger Rechtsschutz, Rn. 626 ff.

[196] S. nur Schoch/Schmidt-Aßmann/Pietzner/*Schoch*, VwGO, § 80 Rn. 451.

d) Die Antragsbefugnis ist hier schon deshalb zu bejahen, weil K Adres- **244** sat der Entziehungsverfügung ist und eine Verletzung von Grundrechtspositionen, namentlich des allgemeinen Persönlichkeitsrechts aus Art. 2 Abs. 1 i. V. m. Art. 1 Abs. 1 GG,[197] nicht auszuschließen ist.

e) Nach § 80 Abs. 5 S. 2 VwGO kann der Antrag nach § 80 Abs. 5 **245** S. 1 VwGO schon vor Klageerhebung gestellt werden. Fraglich ist indes, ob der Antrag einen Widerspruch[198] und/oder die vorherige Stellung des Antrags nach § 80 Abs. 4 VwGO voraussetzt.

aa) Für die vorherige oder zumindest gleichzeitige Einlegung eines **246** Widerspruchs spricht, dass dieser als Voraussetzung der aufschiebenden Wirkung logische Voraussetzung auch für die Rechtsfolge des § 80 Abs. 5 VwGO ist. Auch der Wortlaut des § 80 Abs. 5 S. 2 VwGO kann im Wege des Umkehrschlusses in diesem Sinne verstanden werden. Auf der anderen Seite ist aber auch ein Verständnis im Sinne eines Erst-Recht-Schlusses (a maiore ad minus) denkbar. Zudem käme dem Widerspruch ohnehin keine aufschiebende Wirkung zu, da anderenfalls kein Bedürfnis für ein Verfahren nach § 80 Abs. 5 VwGO bestünde.
Letztlich braucht diese Frage[199] hier aber nicht entschieden zu werden, weil K bereits Widerspruch eingelegt hat.

bb) Der Zulässigkeit könnte aber entgegenstehen, dass K nicht nach **247** § 80 Abs. 4 VwGO die Wiederherstellung der aufschiebenden Wirkung bei der Erlassbehörde beantragt hat. Gesetzlich vorgeschrieben ist ein solcher Antrag jedoch nur für § 80 Abs. 4 S. 3, Abs. 6 S. 1 VwGO, also bei Rechtsschutz gegen Abgaben- und Kostenbescheiden. Die entsprechende Anwendung auf andere Fälle ist umstritten. Teilweise wird sie unter Berufung auf die Einfachheit des behördlichen Verfahrens und die erstrebenswerte Entlastung der Gerichte befürwortet. Überwiegend wird jedoch eine analoge Anwendung abgelehnt.[200]
Dem stimme ich schon aufgrund des eindeutigen Wortlauts zu. Ein Vorrangverhältnis sieht die VwGO nur als Besonderheit des § 80 Abs. 6 S. 1 VwGO vor. Dieser ist damit als Ausnahmebestimmung zu verstehen und als solche eng auszulegen. Es darf insbesondere keine Ausdehnung zulasten des Bürgers erfolgen. Ein Antrag nach § 80 Abs. 4 VwGO war daher hier nicht erforderlich.

---

[197] S. etwa BVerfGE 101, 361 (379).
[198] Dieser Prüfungspunkt entfällt, wo das Vorverfahren (weitgehend) abgeschafft wurde (NRW: § 6 AGVwGO).
[199] Näher dazu Schoch/Schmidt-Aßmann/Pietzner/*Schoch*, VwGO, § 80 Rn. 360 f.
[200] Schoch/Schmidt-Aßmann/Pietzner/*Schoch*, VwGO, § 80 Rn. 503 m.w.N.

f) Der Antrag ist damit zulässig.

248 3. Begründet ist der Antrag nach § 80 Abs. 5 S. 1 Alt. 2 VwGO, wenn die Anordnung des Sofortvollzugs formell oder materiell rechtswidrig ist.[201]

249 a) Zunächst zur formellen Rechtmäßigkeit der Anordnung der Sofortvollzugs. Diese ist gegeben, wenn die zuständige Behörde die einschlägigen Verfahrens- und Formvorschriften beachtet hat.

250 aa) Hinsichtlich der Zuständigkeit sind keine Probleme ersichtlich. Sowohl Ausgangs- wie Widerspruchsbehörde sind nach § 80 Abs. 2 S. 1 Nr. 4 VwGO zuständig; hier hat die Ausgangsbehörde die Anordnung erlassen.

251 bb) Fraglich ist demgegenüber in verfahrensrechtlicher Hinsicht, ob es mit Blick auf die Anordnung des Sofortvollzugs einer gesonderten Anhörung nach § 28 Abs. 1 VwVfG bedurfte. Dagegen spricht indes, dass es sich bei der Anordnung des Sofortvollzugs mangels eines eigenständigen Regelungsgehalts nicht um einen Verwaltungsakt handelt. Aber auch eine analoge Anwendung des § 28 Abs.1 VwVfG scheidet aus: Es fehlt an der insofern notwendigen Regelungslücke, da § 80 Abs. 3 VwGO die formellen Anforderungen an die Anordnung des Sofortvollzugs abschließend regelt.[202] Einer Anhörung bedurfte es somit nicht.

252 cc) Hinsichtlich der Form ist die Sonderregelung des § 80 Abs. 3 VwGO zu beachten. Diese verlangt eine schriftliche Begründung des besonderen öffentlichen Interesses an der Anordnung des Sofortvollzugs. Auf diese Weise soll zum einen die Behörde sich noch einmal den Ausnahmecharakter des Sofortvollzugs vor Augen führen. Zum anderen erleichtert die Begründung sowohl die Nachvollziehbarkeit für den Bürger als auch die gerichtliche Kontrolle.[203] Diesem Telos entspricht es auch, dass eine Ausnahme für ausdrücklich als solche bezeichnete Notstandsmaßnahmen zugelassen wird (§ 80 Abs. 3 S. 2 VwGO).

253 (1) Das Gericht überprüft an dieser Stelle nicht die inhaltliche Richtigkeit der Begründung. Andererseits genügt grundsätzlich aber auch nicht die Verwendung bloßer Floskeln oder eine schlichte Wiederholung des Gesetzeswortlauts bzw. der im Ausgangsbescheid für den Erlass des Verwaltungsakts abgegebenen Begründung. Anderenfalls würde bereits

---

[201] Schoch/Schmidt-Aßmann/Pietzner/*Schoch*, VwGO, § 80 Rn. 388.

[202] Schoch/Schmidt-Aßmann/Pietzner/*Schoch*, VwGO, § 80 Rn. 244, 257 f.

[203] Finkelnburg/Dombert/Külpmann/*Külpmann*, Vorläufiger Rechtsschutz, Rn. 741; Schoch/Schmidt-Aßmann/Pietzner/*Schoch*, VwGO, § 80 Rn. 245.

das ursprüngliche Erlassinteresse für die Anordnung der Sofortvollziehung genügen. Dies würde aber dem Regel-Ausnahme-Verhältnis von § 80 Abs. 1 und § 80 Abs. 2 S. 1 Nr. 4 VwGO nicht gerecht, da in diesem Fall jeder rechtmäßige Verwaltungsakt für sofort vollziehbar erklärt werden könnte.[204]

(2) Damit komme ich zu der Frage, ob die hier abgegebene Begrün- **254** dung diesen Maßstäben genügt. Dies könnte zweifelhaft sein. Denn mit dem Verweis auf die Gefahren, die von Autofahrern unter Drogeneinfluss ausgehen, erfolgt letztlich nur eine Wiederholung der für die Entziehung selbst verwendeten Begründung.

Ausnahmsweise kann das aber genügen, wenn diese Begründung bereits die besondere Dringlichkeit der Maßnahme belegt. Zu berücksichtigen sind hier die negativen Auswirkungen des Drogenkonsums auf die Fahrtüchtigkeit und die daraus resultierenden erheblichen Gefahren für hochrangige Rechtsgüter, nämlich Leib und Leben anderer Verkehrsteilnehmer. Angesichts dessen kann hier ein derartiger Sonderfall angenommen werden.[205]

Auch die oben beschriebene doppelte Zielsetzung der Vorschrift, nämlich die Warnfunktion und die Rechtsschutzerleichterung, wird durch die vorliegende Begründung erreicht. Im Ergebnis bestehen deshalb keine durchgreifenden Bedenken gegen die verwendete Begründung. Die Anordnung ist damit formell rechtmäßig.

b) Klärungsbedürftig bleibt damit die materielle Rechtmäßigkeit der **255** Anordnung des Sofortvollzugs.

Diese ist anzunehmen, wenn das Aussetzungsinteresse des Antragstellers das öffentliche Interesse an der sofortigen Vollziehung des Verwaltungsakts (§ 80 Abs. 2 S. 1 Nr. 4 VwGO) überwiegt. Maßgeblich für die insoweit vorzunehmende Abwägung ist vor allem, ob sich der Verwaltungsakt bei der im vorläufigen Rechtsschutz allein möglichen und erforderlichen summarischen Prüfung als rechtswidrig erweist. Denn an der sofortigen Vollziehung eines rechtswidrigen Verwaltungsakts kann von vornherein kein öffentliches Interesse bestehen.

Zu prüfen ist also nunmehr zunächst die Rechtmäßigkeit der Entzie- **256** hung der Fahrerlaubnis.

aa) Die Entziehung der Fahrerlaubnis findet ihre Rechtsgrundlage in § 3 Abs. 1 S. 1 und § 6 Abs. 1 Nr. 1 lit. q StVG i. V. m. § 46 Abs. 1 S. 1 Fahrerlaubnisverordnung (FeV). Demnach hat die Fahrerlaubnisbehörde

---

[204] S. Schoch/Schmidt-Aßmann/Pietzner/*Schoch*, VwGO, § 80 Rn. 247 f.; Finkelnburg/Dombert/Külpmann/*Külpmann*, Vorläufiger Rechtsschutz, Rn. 757 ff.
[205] So auch *OVG Hamburg* NJW 2006, 1367 (1367 f. m.w.N.).

dem Inhaber einer Fahrerlaubnis diese zu entziehen, wenn dieser sich als ungeeignet zum Führen von Kraftfahrzeugen erweist.

257   bb) Die formelle Rechtmäßigkeit der Entziehungsverfügung ist mangels entgegenstehender Anhaltspunkte im Sachverhalt anzunehmen.

258   cc) In materieller Hinsicht ist die Fahrerlaubnis zu entziehen, wenn sich der Erlaubnisinhaber als ungeeignet zum Führen von Kraftfahrzeugen erweist. Das ist nach § 11 Abs. 1 S. 2 FeV insbesondere der Fall, wenn Erkrankungen oder Mängel nach der Anlage 4 vorliegen. Hierunter fällt auch der Cannabiskonsum.

259   (1) Hierbei ist indes zwischen dem regelmäßigen und dem gelegentlichen Konsum zu differenzieren: Nur bei einer regelmäßigen, also täglichen oder beinahe täglichen Einnahme entfällt die Eignung zum Führen eines Kraftfahrzeugs bereits aufgrund dieser Tatsache. Bei nur gelegentlichem Konsum[206] ist hingegen entscheidend, ob der Betroffene noch imstande ist, zwischen dem Drogenkonsum und dem Führen eines Kraftfahrzeugs zu trennen. Vorliegend spricht für die letztgenannte Trennungsfähigkeit, dass K erwiesenermaßen jedenfalls am Tag der Kontrolle nicht unter Drogeneinfluss Auto gefahren ist. Es könnte aber ein regelmäßiger Konsum vorliegen.

Darauf deutet die große Menge an gefundenem Cannabis hin, das K zudem nach eigenen Angaben selbst konsumieren wollte. Gleichwohl ist fraglich, ob allein hieraus auf regelmäßigen Konsum geschlossen werden kann: Grundsätzlich ist bei der Bewertung von Angaben von Drogenkonsumenten zum Umfang ihres Konsums gegenüber Polizeibeamten Zurückhaltung geboten, weil die Konsumenten typischerweise die Umstände wegen der drohenden rechtlichen Konsequenzen zu verharmlosen versuchen. So erscheint es auch hier wahrscheinlich, dass K lediglich dem nahe liegenden Eindruck eines Handeltreibens entgegenwirken wollte.[207]

260   (2) Allerdings muss ich diese Frage vorliegend möglicherweise nicht entscheiden. Denn die Ungeeignetheit des K könnte hier schon deshalb anzunehmen sein, weil er eine sachgerechte Überprüfung seiner Fahreignung nicht zugelassen hat, indem er die für eine zuverlässige Diagnose seines Drogenkonsums erforderliche Haarprobenentnahme durch Kürzen des Haupthaars verhinderte. Nach § 46 Abs. 3, § 11 Abs. 8 FeV kann die Behörde aus einer Verweigerung der angeordneten Untersuchung auf die Nichteignung des Betroffenen schließen.

---

[206] Zu der strittigen Frage, ob hierfür schon der einmalige Konsum genügt, s. – dies bejahend – *OVG Hamburg* NJW 2006, 1367 (1369 m.w.N. auch zur Gegenansicht).

[207] Ähnlich *VGH München*, Beschluss vom 2.7.2007, Az.: 11 ZB 06.178, juris.

(a) Grundvoraussetzung hierfür ist aber zunächst einmal, dass die An- **261** ordnung der Untersuchung selbst rechtmäßig war. Dafür müssten gem. § 14 Abs. 1 S. 1 Nr. 2, § 11 Abs. 2 FeV Tatsachen vorliegen, die die Annahme eines Konsums von Betäubungsmitteln rechtfertigen.

Diese Voraussetzung wird von der Rechtsprechung zu Recht eng ausgelegt. Die angeordnete Überprüfung muss ein geeignetes und verhältnismäßiges Mittel sein, um konkret entstandene Eignungszweifel aufzuklären. Ein einmaliger oder gelegentlicher Cannabiskonsum reicht dafür für sich genommen noch nicht. Vielmehr müssen weitere bedeutsame Umstände hinzutreten, die einen Eignungsmangel als nahe liegend erscheinen lassen.

Demgegenüber können konkrete Hinweise auf einen Dauerkonsum von Cannabis bereits berechtigte Zweifel an der Fahreignung eines Fahrerlaubnisinhabers begründen.[208] So liegt es hier, denn die erhebliche Menge Cannabis, die nach den Angaben des K zum Eigenbedarf bestimmt gewesen ist, stellt eine hinreichende Grundlage für die Annahme eines Dauerkonsums dar. Dem steht auch nicht die oben erwähnte Interpretationsmöglichkeit der Aussage des K entgegen, denn anders als dort geht es hier nicht um eine unmittelbar an ein Fehlverhalten anknüpfende Sanktion, sondern um eine der Sachverhaltsermittlung dienende Untersuchungsmaßnahme.

Der Rechtmäßigkeit der Untersuchungsanordnung könnte indes die **262** von K hervorgehobene Bedeutung des allgemeinen Persönlichkeitsrechts entgegenstehen. Dem ist im Grundsatz insoweit zuzustimmen, als das Grundrecht auf freie Entfaltung der Persönlichkeit nach Art. 2 Abs. 1 i. V. m. Art. 1 Abs. 1 GG einen umfassenden Schutz der persönlichkeitsrelevanten Verhaltensweisen garantiert. Dieser Schutz umfasst prinzipiell auch die Wahl des persönlichen Erscheinungsbildes, mithin auch die Länge oder Kürze eines Haarschnitts.[209]

Auf der anderen Seite ist aber dieses Grundrecht nicht vorbehaltlos **263** gewährt, sondern kann durch Gesetz beschränkt werden.[210] Eine solche gesetzliche Beschränkungsmöglichkeit liegt hier wie gesehen mit den § 46 Abs. 3 i. V. m. §§ 14, 11 FeV vor.

Fraglich könnte demnach nur sein, ob die konkrete Anordnung hier als unverhältnismäßig anzusehen ist. Sie bezweckt die Gewährleistung der Fahreignung der am Verkehr Teilnehmenden und damit die Sicherheit des Straßenverkehrs. Das ist ohne Zweifel ein legitimes Ziel. Nach

---

[208] *OVG Hamburg* NJW 2004, 2399, mit Verweis auf *BVerwG* NJW 2002, 78.
[209] Vgl. z. B. BVerwGE 76, 66 ff.; *VGH Kassel* NJW 1996, 1164.
[210] Vgl. z. B. *BVerwG* NJW 1999, 1985 ff. (zum Verbot von Ohrschmuck und langen Haaren für uniformierte Polizeivollzugsbeamte).

den vorliegenden Angaben ist auch weder die Geeignetheit noch die Erforderlichkeit in Zweifel zu ziehen noch ein milderes, gleich geeignetes Mittel ersichtlich. Im Gegenteil ersetzt die Haaranalyse gerade die sonst über einen längeren Zeitraum hinweg erforderlichen und zudem eingriffsintensiveren Untersuchungsmethoden wie regelmäßige Blutentnahmen oder Urinproben.

Schließlich müsste aber auch die Verhältnismäßigkeit im engeren Sinne gewahrt sein. Dazu sind die beteiligten Interessen einander gegenüberzustellen und in ein angemessenes Verhältnis zu setzen.

Auf staatlicher Seite geht es hier um die Verkehrssicherheit; damit werden letztlich Leib und Leben anderer Mitbürger geschützt. Diesen bedeutenden und grundgesetzlich erfassten Art. 2 Abs. 2 GG erfassten Rechtsgütern steht auf Seiten des K das gleichfalls grundrechtlich geschützte allgemeine Persönlichkeitsrecht gegenüber. Allerdings ist nicht nur von vornherein fraglich, ob dieses Recht sich gegenüber den erheblichen drohenden Gefahren für Leib und Leben Dritter durchsetzen kann. Im konkreten Fall ist zusätzlich zu berücksichtigen, dass es sich um eine eher geringfügige Beeinträchtigung des persönlichen Erscheinungsbilds handelt. Denn K muss hier nicht etwa seine gesamte Frisur dauerhaft ändern. Vielmehr ist die ihm abverlangte Mitwirkungshandlung auf einen relativ überschaubaren Zeitraum begrenzt, und es genügt, wenn eine für die Probeentnahme ausreichende Menge Haar ungekürzt bleibt.[211]

Im Ergebnis überwiegt daher der intendierte Schutz von Leib und Leben die Beeinträchtigung des allgemeinen Persönlichkeitsrechts des K. Die Untersuchungsanordnung war damit rechtmäßig.

264   (b) § 11 Abs. 8 FeV setzt jedoch eine verweigerte Untersuchung voraus. Eine eindeutige Verweigerung des K liegt hier nicht vor. Er ist sogar zu den Untersuchungsterminen erschienen. Zu klären ist daher, ob die Tatsache, dass er dies jeweils mit kurz geschorenen Haaren tat, einer ausdrücklichen Weigerung gleichzustellen ist.

Ich möchte dies aus den folgenden Gründen bejahen: K wusste, dass zur Gutachtenerstellung eine Haarprobe erforderlich war und dass diese eine gewisse Länge der Haare erforderte. Indem er sich die Haare dennoch kurz schor, hat er die Haaranalyse in zurechenbarer Weise verhindert. Damit hat er die ihm nach § 11 Abs. 8 FeV obliegende Mitwirkungspflicht verletzt: Die Norm will ersichtlich Klarheit in Fällen fehlender Kooperation schaffen und damit zugleich einen Anreiz zur Mitwirkung setzen. Dieser Normzweck würde verfehlt, wenn nur eine vollständige und rückhaltlose Verweigerung der Untersuchung genügte.

---

[211] *OVG Hamburg* NJW 2004, 2399.

Vielmehr steht es dem gleich, wenn wie hier auf andere Weise die für die Feststellung der Fahreignung notwendige Untersuchung durch den Betroffenen verhindert wird.[212] Die Voraussetzungen des § 11 Abs. 8 FeV liegen damit vor.

dd) Als Ergebnis der summarischen Prüfung kann deshalb die Rechtmäßigkeit der Entziehung der Fahrerlaubnis festgehalten werden.

c) Angesichts der festgestellten Rechtmäßigkeit des für sofort vollziehbar erklärten Verwaltungsakts liegt es nahe, von einem Überwiegen des Vollzugsinteresses auszugehen. **265**

Teilweise wird hierfür jedoch noch zusätzlich das in einem abschließenden Prüfungsschritt aufzuzeigende Vorliegen eines besonderen Vollzugsinteresses verlangt.[213] Mit Blick auf das Regel-Ausnahme-Verhältnis von § 80 Abs. 1 zu § 80 Abs. 2 S. 1 Nr. 4 VwGO ist das überzeugend: Denn anderenfalls würde allein das Erlassinteresse für die Anordnung des Sofortvollzugs genügen. Dieses besondere Vollzugsinteresse ist nicht mit den formellen Erfordernissen des § 80 Abs. 3 VwGO identisch, sondern ist durch das Gericht selbständig zu prüfen. Weil die Anforderungen aber vergleichbar sind, kann man vorliegend das besondere Vollzugsinteresse angesichts der drohenden erheblichen Gefahren für die Verkehrssicherheit akzeptieren.

4. Im Ergebnis ist daher der Antrag zwar zulässig, aber angesichts des Überwiegens des Vollzugsinteresses unbegründet.

Ich danke Ihnen sehr für Ihre Aufmerksamkeit!

C. Literatur zur Vertiefung

Hartung, Entziehung der Fahrerlaubnis wegen des Konsums von Betäubungsmitteln, VBlBW 2005, 369 ff.; *Hummel*, Der vorläufige Rechtsschutz im Verwaltungsprozess, JuS 2011, 413 ff.; *Koehl*, Die aufschiebende Wirkung von Widerspruch und Anfechtungsklage, JA 2016, 610 ff.; *Kramer*, Der langhaarige Polizist, JuS 2007, 35 ff.; *Morgenstern*, Die versäumte Nachschulung, JA 1996, 497 ff.; *Proppe*, Die Methodik der gerichtlichen Entscheidung nach § 80 V VwGO, JA 2004, 324 ff.; *Sachs*, Entziehung der Fahrerlaubnis bei Haschischkonsum, JuS 1994, 72 f.

---

[212] *OVG Hamburg* NJW 2004, 2399 m.w.N.; ähnlich *VGH München*, Beschluss vom 2.7.2007, Az.: 11 ZB 06.178, Rn. 8 ff., juris (zu verdünnten Urinproben).
[213] So insbes. Schoch/Schmidt-Aßmann/Pietzner/*Schoch*, VwGO, § 80 Rn. 388; Überblick bei Fehling/Kastner/*Bostedt*, Verwaltungsrecht, § 80 VwGO Rn. 89 ff.; Sodan/Ziekow/*Puttler*, VwGO, § 80 Rn. 155 ff.

Aufgabe 11: Der Weihnachtseinkauf

A. Aufgabenstellung

266   Autofahrer A parkt an einem Samstag gegen 9.30 Uhr seinen Personenkraftwagen am Straßenrand der Königsallee in der kreisfreien Stadt D, obwohl an dieser Stelle ein Verkehrsschild steht, das in diesem Bereich ein absolutes Halteverbot anordnet. Dass der fließende Verkehr durch sein parkendes Auto stark behindert wird, erkennt der A zwar, er sieht aber keine Alternative, da er dringend noch Weihnachtseinkäufe in derselben Straße erledigen muss und freie Parkplätze nicht vorhanden sind. Er hinterlässt hinter der Windschutzscheibe gut sichtbar einen handschriftlichen Zettel mit seiner Mobilfunknummer und dem Zusatz „Bitte anrufen, komme sofort."

Gegen 10 Uhr kontrolliert ein Mitarbeiter des Ordnungsamtes der Stadt D die Einhaltung des Parkverbots in der Königsallee. Als er zum Auto des A gelangt, sieht er zwar den Zettel hinter der Windschutzscheibe, ruft aber trotzdem einen privaten Abschleppdienst, der den Wagen des A gegen 10.30 Uhr auf das Unternehmensgelände abschleppt.

War das Abschleppen des Autos – die Zuständigkeit des Ordnungsamtes der Stadt D als gegeben unterstellt – rechtmäßig?

Bearbeitervermerk: Der Sachverhalt ist nicht wiederzugeben.

B. Lösungshinweise

I. Vortragsgliederung

1. Ermächtigungsgrundlage
   - a) Ersatzvornahme
   - b) Sicherstellung
   - c) Zwischenergebnis
2. Formelle Rechtmäßigkeit
3. Materielle Rechtmäßigkeit
   - a) Allgemeine Vollstreckungsvoraussetzungen
     - aa) Grundverwaltungsakt
     - bb) Vertretbare Handlung
     - cc) Vollstreckbarkeit
     - dd) Rechtmäßigkeit/Wirksamkeit
   - b) Besondere Vollstreckungsvoraussetzungen
     - aa) Androhung eines Zwangsmittels
     - bb) Festsetzung eines Zwangsmittels
     - cc) Ermessen
       - (1) Entschließungsermessen
       - (2) Auswahlermessen
4. Ergebnis

II. Vortragsvorschlag

Sehr geehrte Damen und Herren, **267**

ich habe die Rechtmäßigkeit des Abschleppens des Autos des A zu prüfen und zwar in formeller und sodann in materieller Hinsicht.

Zunächst ist aber zu klären, welche Ermächtigungsgrundlage für das Abschleppen in Betracht kommt. Die Durchführung durch ein privates Unternehmen entbindet nicht von der Gesetzesbindung der Verwaltung, da das Unternehmen nur als deren Werkzeug agiert und der öffentlich-rechtliche Charakter der Maßnahme dadurch nicht in Frage gestellt wird.

1. Als Ermächtigungsgrundlage kommen einerseits die Vorschriften **268** über den Verwaltungszwang nach den §§ 55 ff. VwVG NW[214] in Gestalt

---

[214] § 8 Abs. 1 S. 1 VwVfG Berlin i.V.m. §§ 6 ff. VwVG Bund; §§ 15 ff. VwVG Bbg.; §§ 14 ff. VwVG Hmb.

der Ersatzvornahme gem. § 59 Abs. 1 VwVG NW[215] und andererseits die Sicherstellung nach § 43 PolG NW[216] in Betracht.

a) Eine Ersatzvornahme liegt vor, wenn die Behörde selbst oder durch einen Dritten die Handlung vornehmen lässt, zu der der Betroffene verpflichtet ist. Hierfür muss die Vornahme durch einen anderen möglich sein. Man spricht von einer sog. vertretbaren Handlung. Dies ist hier der Fall, weil das Entfernen des Autos auch anderen Personen als dem A möglich ist.

b) Eine Sicherstellung läge hingegen nur vor, wenn die amtliche Verwahrung und der Ausschluss anderer von der Verwendung den Hauptzweck des behördlichen Handelns bilden.[217] Daran fehlt es hier aber, weil Hauptzweck das Entfernen des Fahrzeuges und nicht die Verwahrung war. Eine Sicherstellung liegt nicht vor, wenn – wie hier – der Zweck der Maßnahme nur darin besteht, den Gegenstand zu entfernen, es im Übrigen aber gleichgültig ist, wo immer er sich befinden mag.[218]

269 c) Ermächtigungsgrundlage kann damit nach herrschender Meinung nur § 55 Abs. 1 VwVG NW[219] i. V. m. § 59 Abs. 1 VwVG NW[220] sein.

Nach § 55 Abs. 1 VwVG NW kann ein Verwaltungsakt, der auf die Vornahme einer Handlung, Duldung oder Unterlassung gerichtet ist, mit Zwangsmitteln durchgesetzt werden, wenn er unanfechtbar ist oder wenn ein Rechtsmittel keine aufschiebende Wirkung hat.

Nach § 59 Abs. 1 VwVG NW kann die Vollzugsbehörde eine Handlung selbst ausführen oder einen anderen mit der Ausführung beauftragen, wenn die Verpflichtung, die Handlung vorzunehmen, deren Vornahme durch einen anderen möglich ist, nicht erfüllt wird.

270 2. Damit komme ich zur formellen Rechtmäßigkeit des Abschleppens des Autos des A. Insofern ist insbesondere die Zuständigkeit des Ordnungsamtes der Stadt D festzustellen. Diese ist nach dem Bearbeitervermerk als gegeben zu unterstellen. In verfahrensrechtlicher Hinsicht könnte das Erfordernis einer Anhörung fraglich sein. Allerdings ist zu berücksichtigen, dass es vorliegend um eine Maßnahme der Verwaltungsvollstreckung geht. Eine Anhörung des A war daher gemäß § 28

---

[215] § 8 Abs. 1 S. 1 VwVfG Berlin i.V.m. § 10 VwVG Bund; § 19 Abs. 1 VwVG Bbg.; § 14 lit. a VwVG Hmb..

[216] § 38 ASOG Berlin; § 25 BbgPolG; § 14 SOG Hamburg.

[217] Dazu *VGH Kassel* NVwZ 1987, 904 (909); *Michaelis*, Jura 2003, 298 (299), m.w.N. zum Streitstand; *Meister*, JA 2011, 359 (362).

[218] *VGH Kassel* NVwZ 1987, 904 (909).

[219] § 8 Abs. 1 S. 1 VwVfG Berlin i.V.m. § 6 Abs. 1 VwVG Bund; § 15 Abs. 1 VwVG Bbg.; § 14 lit. a VwVG Hmb.

[220] Siehe Fn. 215.

Abs. 2 Nr. 5 VwVfG NW[221] entbehrlich. Auch im Übrigen sind formelle Mängel des Abschleppvorgangs nicht ersichtlich. Damit war das Abschleppen des Autos des A formell rechtmäßig.

3. a) Damit richtet sich der Blick nunmehr auf die materielle Recht- **271** mäßigkeit und dabei zunächst auf das Vorliegen der allgemeinen Vollstreckungsvoraussetzungen.

aa) Es müsste ein wirksamer Grundverwaltungsakt vorliegen, der im **272** Wege der Ersatzvornahme vollstreckt worden ist. Ein solcher Verwaltungsakt liegt in Gestalt des Halteverbotschildes gemäß § 41 Zeichen 283 StVO vor. Hierbei handelt es sich nämlich um eine Allgemeinverfügung im Sinne von § 35 S.2 VwVfG NW[222].[223] Es ist durch seine Aufstellung gemäß § 41 Abs. 3 S. 2 VwVfG NW[224] wirksam öffentlich bekannt gemacht worden. Die sog. äußere Wirksamkeit ist damit gegeben.

Gegenüber dem A ist die Allgemeinverfügung in dem Augenblick bekannt gemacht worden, in dem er sich erstmals dem Verkehrsschild gegenüber gesehen hat. Dies nennt man die innere Wirksamkeit.[225] Ob der Verkehrsteilnehmer das Verkehrsschild tatsächlich wahrnimmt, ist unerheblich, wenn es so aufgestellt ist, dass ein durchschnittlicher Kraftfahrer bei Einhaltung der gebotenen Sorgfalt es mit einem raschen und beiläufigen Blick erfassen kann.[226] Dies wird regelhaft der Fall sein; auch hier ist mangels gegenteiliger Angaben im Sachverhalt davon auszugehen.

bb) Der Grundverwaltungsakt müsste auf eine sog. vertretbare Hand- **273** lung gerichtet sein.

Der Verwaltungsakt ordnet gemäß § 12 Abs. 1 Nr. 6a i. V. m. § 41 **274** Zeichen 283 StVO gegenüber den Verkehrsteilnehmern an, nicht auf der Fahrbahn zu halten bzw. das Fahrzeug im Falle eines Haltens sofort zu

---

[221] § 1 Abs. 1 VwVfG Berlin i.V.m. § 28 Abs. 2 Nr. 5 VwVfG Bund; § 28 Abs. 2 Nr. 5 VwVfG Bbg.; § 28 Abs. 2 Nr. 5 HmbVwVfG.

[222] § 1 Abs. 1 VwVfG Berlin i.V.m. § 35 S. 2 Bund; § 35 S. 2 VwVfG Bbg.; § 35 S. 2 HmbVwVfG.

[223] BVerwGE 59, 221 (224 f); 102, 316 (318); *BVerwG* NJW 2011, 246 (246 f) mit Anm. *Waldhoff*, JuS 2011, 953 ff; Sodan/Ziekow/*Puttler*, VwGO, § 80 Rn. 65.

[224] § 1 Abs. 1 VwVfG Berlin i.V.m. § 41 Abs. 3 S.2 VwVfG Bund; § 41 Abs. 3 S.2 VwVfG Bbg.; § 41 Abs. 3 S.2 HmbVwVfG.

[225] Vgl. BVerwGE 59, 221 (226).

[226] BVerwGE 102, 316 (318); *BVerwG* NJW 2011, 246 (247); *OVG Münster* NVwZ-RR 1996, 59.

entfernen.[227] Der Verwaltungsakt ist damit auf ein Unterlassen bzw. eine Handlung gerichtet und mithin vollstreckungsfähig.

275　　cc) Der Verwaltungsakt müsste aber auch vollstreckbar sein. Dies ist der Fall, wenn er entweder unanfechtbar ist oder ein Rechtsmittel dagegen keine aufschiebende Wirkung hat.

276　　Unanfechtbar ist der Verwaltungsakt im vorliegenden Fall noch nicht, da A die Möglichkeit hat, gemäß § 70 Abs. 1 VwGO binnen eines Monats seit Bekanntgabe des Verwaltungsaktes ihm gegenüber Widerspruch einzulegen. Die Frist beginnt erst zu laufen, wenn der jeweilige Verkehrsteilnehmer erstmals auf das Verkehrszeichen trifft.[228] Ein Widerspruch hat gemäß § 80 Abs. 1 S. 1 VwGO grundsätzlich aufschiebende Wirkung. Verkehrsschilder sind auch nicht in § 80 Abs. 2 VwGO genannt. Eine direkte Anwendung der Vorschrift scheidet damit aus.

Jedoch wird bei Verkehrsschildern § 80 Abs. 2 S. 1 Nr. 2 VwGO, nach dem die aufschiebende Wirkung des Widerspruchs (und der Anfechtungsklage) bei unaufschiebbaren Anordnungen und Maßnahmen von Polizeivollzugsbeamten entfällt, aufgrund der insofern bestehenden Funktionsgleichheit von Polizeivollzugsbeamten einerseits und Verkehrszeichen andererseits analog angewendet.[229] Das hat zur Folge, dass der Verwaltungsakt sofort vollstreckbar ist.

dd) Auf die Rechtmäßigkeit des Grundverwaltungsaktes kommt es nicht an; für die Vollstreckung genügt dessen Wirksamkeit,[230] an deren Vorliegen hier kein Zweifel besteht.

277　　b) Damit komme ich zu den besonderen Voraussetzungen der Verwaltungsvollstreckung.

aa) Gemäß § 63 Abs. 1 S. 1 VwVG NW[231] muss das Zwangsmittel vor seiner Anwendung schriftlich angedroht worden sein. Daran fehlt es

---

[227] BVerwGE 102, 316 (319); *BVerwG* NJW 1978, 656 (657); *OVG Hamburg* NJW 2005, 2247.

[228] *BVerwG* NJW 2011, 246 (247); *VGH Mannheim* VBlBW 2011, 275; *OVG Hamburg* NZV 2003, 351 (352); nach a. A. läuft die Widerspruchsfrist seit dem Aufstellen des Haltesverbotsschildes, so *VGH Kassel* NJW 1999, 2057, das sich aber zu Unrecht auf BVerwGE 102, 316 (138 f.), beruft (so ausdrücklich *BVerwG* NJW 2011, 246 [247]); a.A. auch *Stelkens* NJW 2010, 1184 ff; siehe zum Problem auch BVerfG (K) NJW 2009, 3642 (3643).

[229] *BVerwG* NJW 1978, 656 (656 f); NVwZ 1988, 623; Sodan/Ziekow/*Puttler*, VwGO, § 80 Rn. 65; *Würtenberger*, Verwaltungsprozessrecht, Rn. 516 m.w.N.

[230] *BVerfG (K)* NVwZ 1999, 290 (292); *OVG Koblenz* NVwZ 1997, 1009; *OVG Münster* NVwZ 2001, 231; str., a.A. etwa *Hong*, Jura 2012, 473 (477).

[231] § 8 Abs. 1 S. 1 VwVfG Berlin i.V.m. § 13 Abs. 1 S. 1 VwVG Bund; § 23 Abs. 1 S.1 VwVG Bbg.; § 18 Abs. 1 lit. b VwVG Hmb.

hier. Die Androhung ist aber gemäß § 63 Abs. 1 S. 5 VwVG NW[232] entbehrlich, wenn die Umstände sie nicht zulassen, insbesondere wenn die
sofortige Anwendung des Zwangsmittels zur Abwehr einer gegenwärtigen Gefahr notwendig ist. Hier liegt eine Gefahr für die öffentliche Sicherheit vor, nämlich ein Verstoß gegen das an A gerichtete Gebot, das
verbotswidrig geparkte Fahrzeug wegzufahren, vor.[233] Diese Gefahr
dauerte auch noch an und war damit gegenwärtig. Folglich war die Androhung entbehrlich.

bb) Gemäß § 64 S. 1 VwVG NW[234] hat die Behörde das Zwangsmit- **278**
tel festzusetzen. Gemäß § 64 S. 2 VwVG NW[235] fällt die Festsetzung bei
sofortigem Vollzug weg. § 64 S. 2 VwVG NW verweist dabei auf § 55
Abs. 2 VwVG NW[236]. Dort ist eigentlich der Fall geregelt, dass überhaupt kein Grundverwaltungsakt vorliegt, der vollstreckt werden
könnte, der sog. unmittelbare Vollzug. § 64 S. 2 VwVG NW ist aber erst
Recht anwendbar, wenn ein Grundverwaltungsakt vorliegt.
Die tatbestandlichen Voraussetzungen einer Ersatzvornahme liegen
damit vor.

cc) Auf der Rechtsfolgenseite ist zu berücksichtigen, dass eine Kann- **279**
Bestimmung vorliegt. Ob und wie die Behörde Zwangsmittel anwendet,
steht daher in ihrem Ermessen. Die Ersatzvornahme ist damit nur rechtmäßig, wenn die Behörde das ihr zustehende Ermessen fehlerfrei ausgeübt hat.
Ein Ermessensfehler kann in drei Konstellationen vorliegen:
Erstens als sog. Ermessensnichtgebrauch, wenn die Behörde von dem
ihr zustehenden Ermessen überhaupt keinen Gebrauch gemacht hat.
Zweitens als sog. Ermessensüberschreitung, wenn die Behörde eine Entscheidung trifft, die auf der Rechtsfolgenseite nicht vorgesehen ist, sowie drittens als sog. Ermessensfehlgebrauch, wenn sie von ihrem Ermessen in einer dem Zweck der Ermessensvorschrift nicht entsprechenden
Weise Gebrauch gemacht hat.[237]

---

[232] § 8 Abs. 1 S. 1 VwVfG Berlin i.V.m. § 13 Abs. 1 S. 1,§ 6 Abs. 2 VwVG
Bund; § 23 Abs. 1 S. 3 i.V.m. § 15 Abs. 2 VwVG Bbg.; § 27 VwVG Hmb..
[233] Vgl. *VGH Mannheim* NJW 1990, 2270 (2271); *OVG Münster* NVwZ-RR
1996, 59.
[234] § 8 Abs. 1 S. 1 VwVfG Berlin i.V.m. § 14 S. 1 VwVG Bund; § 24 S.1
VwVG Bbg.; in Hamburg findet eine Festsetzung nur bei der Verhängung von
Zwangsgeld statt.
[235] § 8 Abs. 1 S. 1 VwVfG Berlin i.V.m. § 14 S. 2 VwVG Bund; § 24 S. 2
VwVG Bbg.
[236] § 8 Abs. 1 S. 1 VwVfG Berlin i.V.m. § 6 Abs. 2 VwVG Bund; § 15 Abs. 2
VwVG Bbg.
[237] Siehe dazu auch *Voßkuhle*, JuS 2008, 117 ff.

280   (1) Zunächst zum „Ob" des Eingreifens, dem sog. Entschließungser-
messen. Mit Blick auf die Entscheidung der Behörde, überhaupt gegen
das verbotswidrige Parken des Autos des A vorzugehen, sind jedoch Ermessensfehler nicht zu erkennen.

281   (2) Allerdings müsste die Behörde auch hinsichtlich des „Wie" ihres
Einschreitens ermessensfehlerfrei gehandelt haben. Keinen Bedenken
begegnet insofern, dass die Behörde ein privates Abschleppunternehmen
eingeschaltet hat; der Staat darf die Erledigung solcher Aufgaben durch
Private ausführen lassen.

282   Zur Frage des Auswahlermessens gehört unter dem Gesichtspunkt
der Ermessensüberschreitung aber insbesondere, dass die Behörde nur
eine den Grundsatz der Verhältnismäßigkeit wahrende Maßnahme ergreifen darf.[238] Kein Problem stellt insofern das Kriterium der Geeignetheit dar, da das Abschleppen des Wagens ohne weiteres dazu führt, den
verbotswidrigen Zustand zu beseitigen.

283   Zweifel an der Verhältnismäßigkeit im weiteren Sinne erwachsen indes mit Blick auf das Kriterium der Erforderlichkeit. Zwar stand kein
anderes gleich geeignetes Zwangsmittel zu Verfügung.[239] Möglich gewesen wäre aber ein Anruf bei der von A im Auto hinterlassenen Mobilfunknummer. Dies hätte es A ermöglicht, unverzüglich zum Auto zu-
rückzukommen und dieses wegzufahren. Aus Sicht des A stellt dies
zweifelsohne das mildere Mittel dar. Fraglich ist aber dessen Gleichge-
eignetheit.
       Das Bundesverwaltungsgericht hat insoweit die gleiche Eignung ver-
neint. Einem durch die hinter der Windschutzscheibe eines Kraftfahrzeuges angebrachte Adresse und Telefonnummer veranlasstem Nachfor-
schungsversuch stünden regelmäßig schon die ungewissen Erfolgsaussichten und die nicht abzusehenden weiteren Verzögerungen entgegen.[240] Diese Argumentation hält das Gericht auch mit Blick auf die zwi-
schenzeitlich erfolgte Verbreitung von Mobiltelefonen aufrecht.[241] Zudem stünde der Grundsatz der Verhältnismäßigkeit auch deswegen ei-

---

[238] Siehe zum Verhältnismäßigkeitsgrundsatz in diesem Buch auch Rn. 93,
127 ff., 152 ff., 166 ff.
[239] Vgl. *OVG Hamburg* NJW 2005, 2247 (2250).
[240] *BVerwG* BayVBl. 1983, 632.
[241] *BVerwG* NJW 2002, 2122 (2123); *VGH Mannheim* NVwZ-RR 2003, 558;
differenzierend *OVG Hamburg* NJW 2005, 2247 (2248 f.); nachdrückliche Kritik
bei *Schwabe*, NJW 2002, 652 f.

nem Abschleppen des Wagens nicht entgegen, weil mit dem Abschleppen in zulässiger Weise auch spezial- und generalpräventive Zwecke verfolgt werden dürften.

Ich halte dies nicht für überzeugend. Ein Abstellen auf präventive Zwecke berücksichtigt nicht hinreichend, dass der Verwaltungszwang lediglich einen rechtmäßigen Zustand herstellen, aber nicht Sanktionscharakter haben soll.[242] Lässt man diesen Gesichtspunkt entsprechend außen vor und unterzieht man den Abschleppvorgang einer strengen Erforderlichkeitsprüfung, dann ist zumindest ein Versuch, den Autohalter telefonisch zu erreichen und ihm eine kurze, wenige Minuten während Frist zum Wegfahren des Autos zu setzen, zu unternehmen, bevor der Abschleppvorgang initiiert werden darf. Auf diese Weise lässt sich schnell feststellen, ob die Beseitigung des Wagens auch ohne dessen Abschleppen möglich ist. Erst wenn sich erweist, dass dies nicht möglich ist, ist das Abschleppen erforderlich.[243]

4. Damit komme ich zu dem Ergebnis, dass das Abschleppen des Autos **284** des A nicht rechtmäßig war, und danke für Ihre Aufmerksamkeit.

C. Literatur zur Vertiefung

Fischer, Das polizeiliche Abschleppen von Kraftfahrzeugen, JuS 2002, 446 ff.; *Hong*, Altes und Neues zum Abschleppen und zur Bekanntgabe und Anfechtung von Verkehrszeichen, Jura 2012, 473 ff.; *Klein*, Probleme des Abschleppens verbotswidrig abgestellter Kraftfahrzeuge, JA 2004, 544 ff.; *Kümper*, Das Verkehrszeichen als Quelle klassischer Probleme des Verwaltungs- und Verwaltungsprozessrechts, JuS 2017, 731 ff., 833 ff.; *Michaelis*, Das Abschleppen von Kraftfahrzeugen, Jura 2003, 298 ff.; *Muckel*, Verwaltungsvollstreckung in der Klausur, JA 2012, 272 ff.; *Ostermeier*, Die telefonische Halterbenachrichtigung vor der Abschleppanordnung, NJW 2006, 3173 ff.; *Schwabe*, Abschleppen trotz Wegfahrbereitschaft, NJW 2002, 652 ff.; *Vahle*, Das Abschleppen von Kraftfahrzeugen – Maßnahmen der Behörden und Selbstschutzmöglichkeiten, DVP 2006, 373 ff.; *Warg*, Kosten für's Abschleppen, DVP 2009, 327 ff.

---

[242] Zu Recht kritisch auch *Ostermeier*, NJW 2006, 3173 (3176).

[243] Ein anderes Ergebnis ist im Hinblick auf die anders lautende verwaltungsgerichtliche Rechtsprechung sehr gut vertretbar. In diesem Fall wäre anschließend die Angemessenheit (Verhältnismäßigkeit im engeren Sinne) des Abschleppens zu prüfen gewesen, die sich hier bereits daraus ergibt, dass das Verhalten des A geeignet gewesen ist, die Sicherheit und Leichtigkeit des Verkehrs zu gefährden (vgl. *VGH Mannheim* NVwZ-RR 2003, 558). Mit diesen Prämissen bestünden keine Bedenken gegen die Verhältnismäßigkeit der Maßnahme, so dass eine Ermessensüberschreitung auch hinsichtlich des Auswahlermessens nicht anzunehmen wäre.

Aufgabe 12: Die Musik spielt auf

A. Aufgabenstellung

285　　　Anlässlich des Staatsbesuches des chinesischen Staatspräsidenten meldete D eine „Versammlung unter freiem Himmel" an, um in Form einer Mahnwache gegen die Haltung der chinesischen Regierung in Menschenrechtsfragen zu protestieren. Als der Konvoi mit dem chinesischen Staatspräsidenten eintraf, positionierte sich das bis dahin zurückgezogen wartende Polizeimusikkorps rasch unmittelbar vor dem Stand der Mahnwache und begann zu spielen. Auf diese Weise wurde nicht nur der Sichtkontakt zwischen den ca. 50 dort versammelten Personen und dem Auto-Konvoi unterbrochen, sondern infolge der lauten Musik waren auch die Protestrufe nicht mehr zu hören. Unmittelbar nach der Weiterfahrt des Konvois entfernten sich die Musiker wieder. Der gesamte Vorgang spielte sich innerhalb von fünf Minuten ab.[244]

1. War die Maßnahme der Polizei rechtmäßig? Die Zuständigkeit der Polizei ist dabei zu unterstellen.

2. Warum hat D seine Versammlung angemeldet? Wie ist dies verfassungsrechtlich einzuordnen?

---

[244] Vgl. *VG München* NVwZ 2000, 461 ff.

B. Lösungshinweise

I. Vortragsgliederung

1. Sachverhalt

2. Rechtmäßigkeit des polizeilichen Handelns
   a) Erforderlichkeit einer gesetzlichen Ermächtigung
   b) Ermächtigungsgrundlage
      aa) § 15 VersG
      bb) § 8 Abs. 1 PolG NW
      cc) Polizeifestigkeit des Versammlungsrechts
   c) Formelle Rechtmäßigkeit der Maßnahme
   d) Materielle Rechtmäßigkeit der Maßnahme
      aa) Vorliegen einer Gefahr
      bb) Verhältnismäßigkeit
   e) Ergebnis

3. Verfassungsmäßigkeit der Anmeldepflicht des § 14 VersG
   a) Ausgangspunkt: Normenkollision
   b) Möglichkeit einer verfassungskonformen Auslegung?

II. Vortragsvorschlag

Sehr geehrte Damen und Herren,   **286**

meinem Vortrag liegt der folgende Sachverhalt zugrunde:

1. Anlässlich des Besuchs eines ausländischen Staatsoberhaupts meldete D eine Mahnwache an. Als der Konvoi am Standort der Mahnwache ankam, wurde jedoch der Kontakt zu den ausländischen Staatsgästen dadurch unmöglich gemacht, dass eine bis dahin wartende Musikkapelle der Polizei sich plötzlich zwischen der Mahnwache und dem Staatsbesuch positionierte. Auf diese Weise verhinderte sie den Sichtkontakt und übertönte zudem durch ihre Musik die Protestrufe.

Nachfolgend werde ich zunächst klären, ob dieses Vorgehen der Po- **287** lizei rechtmäßig war.[245] Abschließend gilt es dann noch zu erörtern, warum D die Mahnwache angemeldet hat und wie dies verfassungsrechtlich einzuordnen ist.

2. Zunächst zur Rechtmäßigkeit des Vorgehens der Polizei.   **288**

---

[245] Zur prozessualen Behandlung derartiger Konstellationen vgl. unten Rn. 313 f.

a) Hier könnte bereits fraglich sein, ob das Vorgehen der Polizei überhaupt einer gesetzlichen Ermächtigungsgrundlage bedurfte.

Grundsätzlich betrifft das Erfordernis der gesetzlichen Ermächtigungsgrundlage belastende Verwaltungsakte im Sinne des § 35 S. 1
VwVfG. Um einen solchen handelt es sich bei der hier in Frage stehenden Musikdarbietung eindeutig nicht. Auf der anderen Seite ist aber auch
bei Realakten die Polizei nicht etwa prinzipiell von der Bindung an die
gesetzlichen Grundlagen befreit. Das polizeiliche Handeln darf nach den
allgemeinen Grundsätzen der sog. Wesentlichkeitslehre des Bundesverfassungsgerichts[246] auch insoweit nur auf Basis einer gesetzlichen Ermächtigungsgrundlage erfolgen, wenn in Grundrechtspositionen eingegriffen wird. Hier kommen vor allem die Versammlungsfreiheit nach
Art. 8 Abs. 1 GG und das Grundrecht auf freie Meinungsäußerung nach
Art. 5 Abs. 1 S. 1 1. Var. GG in Betracht.

289   Unter einer Versammlung versteht man das Zusammenkommen meh-
rerer Menschen zu einem gemeinsamen Zweck. Das war hier der Fall.
Da eine politische Meinungskundgabe beabsichtigt war, kann auch die
Frage dahinstehen, ob eine Versammlung nur vorliegt, wenn der gemeinsame Zweck in der Erörterung öffentlicher Angelegenheiten
liegt.[247] Die von D organisierte Mahnwache unterfällt somit selbst bei
strenger Auslegung dem Versammlungsbegriff des Art. 8 GG.[248]

Die Grundrechtsgarantie umfasst insoweit nicht nur die Möglichkeit,
die Versammlung als solche überhaupt abhalten zu können. Vielmehr
gehört es bei einer auf Aufmerksamkeit und Außenwirkung angelegten,
kommunikativen Grundrechtswahrnehmung zum Schutzgehalt, dass die
Versammlungsteilnehmer ihre Botschaft an den Adressaten vermitteln
können.[249] Ähnliches gilt für die Meinungsfreiheit.

Genau diese Wahrnehmungsfähigkeit wurde aber vorliegend durch
die Polizei unmöglich gemacht. Damit ist das Verhalten der Polizei als
Eingriff in die Meinungs- und Versammlungsfreiheit zu werten. Es bedurfte folglich einer gesetzlichen Rechtsgrundlage. Die Rechtmäßigkeit
des polizeilichen Handelns setzt demnach voraus, dass sich die Polizei
auf eine taugliche Ermächtigungsgrundlage stützen konnte und das Vorgehen formell und materiell mit dieser Rechtsgrundlage in Einklang
stand.

290   b) Hier kommen unterschiedliche Ermächtigungsgrundlagen in Betracht:

---

[246] Dazu nur *Kingreen/Poscher*, Grundrechte, Rn. 315 ff.

[247] Vgl. hierzu nur *Meßmann*, JuS 2007, 524 (525) m.w.N.

[248] Zur Anwendung der beiden Grundrechte auf Versammlungen s. *BVerfG*
NJW 2004, 2814 ff.

[249] Vgl. Sachs/*Höfling*, GG, Art. 8 Rn. 21..

aa) Einerseits könnte man wegen des Versammlungsbezugs an § 15 VersG denken. Da ein Verbot oder eine Auflage nach Abs. 1 nur im Vorfeld möglich ist, könnte nur Abs. 3 hier eingreifen. Zunächst müsste dafür allerdings eine öffentliche Versammlung vorliegen. Eine Versammlung lag hier wie gesehen vor. Sie war auch frei zugänglich und mithin öffentlich. Damit ist der Anwendungsbereich des § 15 Abs. 3 VersG grundsätzlich gegeben. Allerdings erlaubt die Norm dem Wortlaut nach nur das Auflösen einer Versammlung. Ein solches ist hier aber nicht erfolgt.

bb) Deshalb könnte man daran denken, in diesen Fällen auf das Polizeirecht zurückzugreifen und gegebenenfalls die polizeirechtliche Generalklausel in Ansatz zu bringen. **291**

cc) Dem könnte allerdings die „Polizeifestigkeit des Versammlungsrechts" entgegenstehen. Damit ist gemeint, dass sich die Sondermaterie des Versammlungsrechts grundsätzlich nur mit den dort speziell geregelten Maßnahmen und Befugnissen regeln lässt. Das Versammlungsgesetz geht grundsätzlich den allgemeinen Polizei- und Ordnungsgesetzen vor.

Fraglich ist allerdings, ob das auch gilt, wenn wie vorliegend eine Maßnahme betroffen ist, die das Versammlungsgesetz nicht ausdrücklich vorsieht. Nach überwiegender Auffassung ist das zu bejahen. Auf § 15 Abs. 3 VersG lassen sich auch sog. „Minusmaßnahmen" stützen.[250] Hiergegen könnte man allgemein anführen, dass damit nicht nur der Wortlaut missachtet wird, sondern dass wegen der potentiellen Einschlägigkeit der Polizeigesetze auch die für eine Analogie erforderliche Regelungslücke fehlt.

Demgegenüber spricht aber für eine Anwendung des Versammlungsgesetzes, dass dieses in Erfüllung des Gesetzgebungsauftrags des Art. 8 Abs. 2 GG speziell auf diesen grundrechtssensiblen Bereich zugeschnitten ist.[251] Jedenfalls Maßnahmen, die sich gegen die Versammlung als solche richten, müssen daher ihre Ermächtigungsgrundlage im Versammlungsgesetz finden. Voraussetzung ist allerdings weiterhin, dass die konkrete Maßnahme als milderes und mithin von der Befugnis zur Auflösung umfasstes Mittel anzusehen ist.

Das ist hier der Fall, weil die Versammlung als solche grundsätzlich, wenn auch nicht in der geplanten Form, stattfinden konnte. Im Ergebnis ist somit § 15 Abs. 2 VersG die taugliche Ermächtigungsgrundlage.[252]

---

[250] Hierzu z. B. *Deger*, NVwZ 1999, 265 ff; s.a. Sachs/*Höfling*, GG, Art. 8 Rn. 62.
[251] *Frenz*, JA 2007, 324 (325); *Gusy*, JA 1993, 321 (323).
[252] Hier ist eine a. A. aber noch vertretbar.

292   c) Die formelle Rechtmäßigkeit der Maßnahme setzt zunächst die Zuständigkeit der Polizei voraus. Diese ist hier laut Sachverhalt gegeben. Fraglich könnte allerdings sein, ob nicht eine Anhörung hätte erfolgen müssen. Da hier kein Verwaltungsakt vorliegt, sondern es um einen Realakt geht, könnte § 28 VwVfG indes nur entsprechend zur Anwendung kommen. Ob das erforderlich ist, ist umstritten,[253] kann hier aber dahinstehen: Jedenfalls war eine möglicherweise prinzipiell gebotene Anhörung hier infolge der Eilbedürftigkeit ausnahmsweise entbehrlich, § 28 Abs. 2 Nr. 1 VwVfG.[254]

293   d) In materieller Hinsicht müssten zunächst die Tatbestandsvoraussetzungen des § 15 Abs. 3 i. V. m. Abs. 1 VersG erfüllt sein. Das heißt, es müsste die öffentliche Sicherheit oder Ordnung durch die Durchführung der Versammlung unmittelbar gefährdet sein. Unter einer Gefahr versteht man wie im Polizeirecht auch hier eine Sachlage, die bei ungehindertem Fortlaufen des objektiv zu erwartenden Geschehens im Einzelfall mit hinreichender Wahrscheinlichkeit zu einer Verletzung der betroffenen Schutzgüter führt.[255]

294   aa) Geschützt sind unter dem Gesichtspunkt der öffentlichen Sicherheit Individualrechtsgüter privater Dritter, der Bestand des Staates und das Funktionieren seiner Einrichtungen sowie insbesondere die Unverletzlichkeit der Rechtsordnung.[256] Dass eines dieser Rechtsgüter hier gefährdet ist, erscheint überaus fraglich: Es ist nicht ersichtlich, dass eine Verletzung eines der dort genannten Schutzgüter droht. Anhaltspunkte für ein konkret gefährliches, etwa aufrührerisches oder ehrabschneidendes Verhalten der Demonstranten bestehen nicht.

Allenfalls wäre an eine mögliche Beeinträchtigung der außenpolitischen Interessen der Bundesrepublik zu denken. Aber es ist äußerst zweifelhaft, ob dies genügt, um eine Gefahr im polizeirechtlichen Sinne zu begründen. Dagegen spricht vor allem, dass die außenpolitischen Interessen erst im innenpolitischen Diskurs festgelegt werden müssen. Insoweit dienen Versammlungen wie die hier betroffene gerade der Meinungsbildung.

Davon abgesehen ist aber auch nicht erkennbar, wie eine derartige Versammlung, die auf die Einhaltung der Menschenrechte pocht und damit einem elementaren Bekenntnis des Grundgesetzes (Art. 1 Abs. 2 GG) entspricht, eine rechtlich relevante Gefahr für deutsche außenpolitische Interessen darstellen kann. Schließlich sind dem Sachverhalt auch

[253] Dazu *Hochhuth*, NVwZ 2003, 30 ff.
[254] Vgl. hierzu auch *Schoch*, Jura 2006, 833 ff.
[255] S. nur Schoch/*Schoch*, Besonderes Verwaltungsrecht, 2. Kapitel Rn. 291.
[256] S. nur Schoch/*Schoch*, Besonderes Verwaltungsrecht, 2. Kapitel Rn. 109.

keine Anhaltspunkte für einen Verstoß gegen die öffentliche Ordnung zu entnehmen. Damit fehlt es bereits an der grundlegenden tatbestandlichen Voraussetzung des Vorliegens einer Gefahr. Schon aus diesem Grund ist die Maßnahme als rechtswidrig anzusehen.

bb) Im Übrigen wäre – selbst wenn man sich hinsichtlich der Gefahr **295** noch anders entschiede – ein entsprechendes Vorgehen mit Blick auf die beeinträchtigten Grundrechte doch jedenfalls unverhältnismäßig und damit ermessensfehlerhaft.[257] Denn zwar gilt der durch Art. 8 GG vermittelte grundrechtliche Schutz nicht unbegrenzt. Vorliegend ist aber wie gezeigt kein hinreichend gewichtiges Interesse anzuerkennen, zu dessen Gunsten eine derart massive Beeinträchtigung hingenommen werden müsste.

e) Als Ergebnis des ersten Teils ist damit festzuhalten, dass das Vorgehen der Polizei rechtswidrig war.

3. Damit komme ich abschließend zur Frage, warum D die Mahnwache **296** angemeldet hat und wie dies verfassungsrechtlich einzuordnen ist.

a) Mit der vorherigen Anmeldung der Mahnwache hat D dem § 14 Abs. 1 VersG Rechnung getragen, nach dem die Absicht, eine öffentliche Versammlung unter freiem Himmel oder einen Aufzug zu veranstalten, spätestens 48 Stunden vor Bekanntgabe der zuständigen Behörde anzumelden ist. Das ist deshalb verwunderlich, weil es in Art. 8 Abs. 1 GG eindeutig heißt: „Alle Deutschen haben das Recht, sich *ohne Anmeldung* und Erlaubnis friedlich und ohne Waffen zu versammeln." Hier liegt also ein offensichtlicher Widerspruch vor.

b) Nun könnte man annehmen, dass aus dieser Nichtübereinstim- **297** mung zwischen dem einfachen Gesetz und der Verfassung die Verfassungswidrigkeit der entsprechenden Vorschrift des Versammlungsgesetzes folgt. Tatsächlich wird dies auch teilweise angenommen.[258]
Demgegenüber hält jedoch die überwiegende Auffassung und insbesondere auch das Bundesverfassungsgericht § 14 VersG für verfassungsmäßig.[259] Möglich wird dies, weil die Regelung einer verfassungskonformen Auslegung zugänglich sein soll. Die Anmeldepflicht darf demnach nicht dazu führen, die Grundrechtsgarantie für bestimmte Typen von Veranstaltungen vollkommen außer Geltung zu setzen.[260] Das

---

[257] Vgl. *VG München* NVwZ 2000, 461 (463).
[258] S. nur Sachs/*Höfling*, GG, Art. 8 Rn. 64 f.
[259] S. nur BVerfGE 69, 315 (349 f); 85, 69 (75); Dreier/*Schulze-Fielitz*, GG, Art. 8 Rn. 80.
[260] BVerfGE 69, 315 (351).

betrifft namentlich die sog. Spontanversammlungen und Eilversammlungen.

298   Unter Spontanversammlungen versteht man dabei Versammlungen, die sich aus einem momentanen Anlass heraus ungeplant und ohne Veranstalter entwickeln. Hier ist schon naturgemäß keine Anmeldung möglich; sie sind daher vollständig von der Anmeldepflicht befreit. Denn ein Beharren auf der Anmeldepflicht würde diese Art von Versammlungen gänzlich unmöglich machen.

299   Eilversammlungen sind hingegen im Unterschied zu Spontanversammlungen zwar geplant sind und haben einen Veranstalter. Sie können aber ohne Gefährdung des Versammlungszwecks nicht unter Einhaltung der 48-Stunden-Frist nach § 14 Abs. 1 VersG angemeldet werden können. Bei ihnen führt daher die verfassungskonforme Anwendung des § 14 VersG dazu, dass zwar das grundsätzliche Anmeldeerfordernis bestehen bleibt, aber das Fristerfordernis nicht eingehalten werden muss.

Ich danke Ihnen für Ihre Aufmerksamkeit.

C. Literatur zur Vertiefung

Von Alemann/Scheffczyk, Aktuelle Fragen der Gestaltungsfreiheit von Versammlungen, JA 2013, 407 ff.; *Bolewski*, Staatsbesuche und Demonstrationsrecht, DVBl. 2007, 789 ff.; *Bünnigmann*, Polizeifestigkeit im Versammlungsrecht, JuS 2016, 695 ff.; *Enders*, Der Schutz der Versammlungsfreiheit, Jura 2003, 34 ff., 103 ff.; *Fechner*, Die Rechtswidrigkeitsfeststellungsklage – Sachentscheidungsvoraussetzungen verwaltungsgerichtlichen Rechtsschutzes gegen Verwaltungsakte, die sich vor Klageerhebung erledigt haben, NVwZ 2000, 121 ff.; *Frenz*, Polizei- und Versammlungsrecht – Abgrenzung und Zusammenspiel, JA 2007, 334 ff.; *Gröpl*, Grundstrukturen des Versammlungsrechts, Jura 2002, 18 ff.; *Gröpl/Leinenbach*, Examensschwerpunkte des Versammlungsrechts, JA 2018, 8 ff.; *Hermanns*, Grundfragen des Rechts der Versammlungsfreiheit, JA 2001, 79 ff.; *Lembke*, Grundfälle zu Art. 8 GG, JuS 2005, 984 ff., 1085 ff.; *Meßmann*, Das Zusammenspiel von Versammlungsgesetz und allgemeinem Polizeirecht, JuS 2007, 524 ff.; *Polzin*, Der maßgebliche Zeitpunkt im Verwaltungsprozess, JuS 2004, 211 ff.

Aufgabe 13: Erledigung im Verwaltungsprozess

A. Aufgabenstellung

1. Schildern Sie die verwaltungsprozessualen Möglichkeiten, auf die **300** Erledigung eines Verwaltungsaktes bzw. einer Verpflichtungssituation zu reagieren.

2. Sind Unterschiede anzunehmen, wenn nicht ein Verwaltungsakt, sondern ein Realakt betroffen ist?

B. Lösungshinweise

I. Vorschlagsgliederung

1. Erledigung von Verwaltungsakten/Verpflichtungssituationen
    a) Begriff der Erledigung
    b) Reaktionsmöglichkeiten
        aa) Allgemeine
        bb) FFK, § 113 Abs. 1 S. 4 VwGO
    c) Direkte Anwendung des § 113 Abs. 1 S. 4 VwGO
        aa) Statthaftigkeit
        bb) Weitere Sachurteilsvoraussetzungen
        cc) Insbesondere: Feststellungsinteresse
        dd) Rechtsfolge
    d) Analoge Anwendung des § 113 Abs. 1 S. 4 VwGO?
        aa) Erledigung eines belastenden VA vor Klageerhebung
        bb) Verpflichtungssituationen
    e) Ergebnis
2. Erledigung von Realakten
    a) Entsprechende Anwendung des § 113 Abs. 1 S. 4 VwGO?
    b) (Nachträgliche) Feststellungsklage

II. Vortragsvorschlag

301   Sehr geehrte Damen und Herren,

mein Vortrag beschäftigt sich mit dem Problem der Erledigung im Verwaltungsprozess. Im ersten Teil werde ich mich mit der Erledigung von belastenden Verwaltungsakten und Verpflichtungssituationen auseinandersetzen und die hier möglichen prozessualen Reaktionen aufzeigen. Im zweiten Teil ist dann zu überlegen, ob sich diese Überlegungen auch auf Realakte übertragen lassen.

302   1. Zunächst aber ist der Begriff der Erledigung zu klären:

a) Erledigung bedeutet allgemein, dass ein Rechtsakt bzw. ein Klagebegehren das mit ihm angestrebte Ziel nicht mehr erreichen kann. Für Verwaltungsakte wird dies durch § 43 Abs. 2 VwVfG konkretisiert. Demnach hat sich ein Verwaltungsakt erledigt, wenn er zurückgenommen, widerrufen, anderweitig aufgehoben oder durch Zeitablauf oder auf sonstige Weise gegenstandslos geworden ist. Entscheidend ist mithin, dass der Verwaltungsakt keine Rechtsfolgen mehr zeitigt, eine Aufhebung also sinnlos geworden ist.[261]

Beispiele für eine Erledigung „auf andere Weise" sind etwa der Untergang des Regelungsobjekts oder bei höchstpersönlichen Verpflichtungen der Tod des Adressaten. Nicht einfach zu beantworten ist hingegen, ob Erledigung auch durch Vollzug bzw. freiwillige Erfüllung eintritt. Hier ist grundsätzlich darauf zu achten, ob der Verwaltungsakt noch weiterhin als Rechtsgrund benötigt wird,[262] etwa für das Behaltendürfen einer beschlagnahmten Sache.

b) In prozessualer Hinsicht ist zu beachten, dass die Erledigung des **303** streitgegenständlichen Verwaltungsakts keinesfalls automatisch zur Erledigung des laufenden Rechtsstreits führt. Die Klage hat aber keine Aussicht auf Erfolg mehr, weil aufgrund der Erledigung jedenfalls das Rechtsschutzbedürfnis entfallen ist.[263] Um das drohende Unterliegen zu vermeiden, kann der Kläger in unterschiedlicher Weise auf die Erledigung des Verwaltungsakts prozessual reagieren:[264]

aa) Erstens kann er nach § 92 VwGO die Klage zurücknehmen. Gemäß § 155 Abs. 2 VwGO trägt er dann aber grundsätzlich die Kosten des Rechtsstreits.

Zweitens können die Beteiligten den Rechtsstreit übereinstimmend für erledigt erklären. Das Gericht entscheidet dann nach § 161 Abs. 2 VwGO auf der Grundlage des aktuellen Sach- und Streitstands über die Kosten. Die Kosten trägt, wer voraussichtlich unterlegen wäre.

Drittens kann der Kläger den Rechtsstreit einseitig für erledigt erklären. Prozessual bedeutet das eine Klageänderung in eine Feststellungsklage nach § 43 VwGO, gerichtet auf die Feststellung der Erledigung des Rechtsstreits.

bb) Für den Kläger sind alle diese Varianten jedenfalls insofern nach- **304** teilhaft, als nicht über den angegriffenen Verwaltungsakt selbst entschieden wird. Zwar ist angesichts der Erledigung eine Aufhebung des Verwaltungsakts nicht mehr möglich. Der Kläger kann aber weiterhin zumindest an der Feststellung von dessen Rechtswidrigkeit interessiert sein.

Die VwGO sieht daher für genau diese Situation als spezielle Rechtsschutzform die Fortsetzungsfeststellungsklage nach § 113 Abs. 1 S. 4

---

[261] Vgl. Knack/Henneke/*Meyer*, VwVfG, § 43 Rn. 37 ff.
[262] S. z. B. BVerwGE 109, 203 (206). Näher hierzu z. B. *Schenke*, Verwaltungsprozessrecht, Rn. 314 ff.
[263] *Würtenberger*, Verwaltungsprozessrecht, Rn. 640.
[264] Vgl. *Würtenberger*, Verwaltungsprozessrecht, Rn. 633 ff.

VwGO vor. Sie führt eine auf Aufhebung eines Verwaltungsakts gerichtete Klage fort und zielt auf die gerichtliche Feststellung, dass der erledigte Verwaltungsakt rechtswidrig gewesen ist und den Kläger in seinen Rechten verletzte.

305   c) Statthaft ist die Fortsetzungsfeststellungsklage gem. § 113 Abs. 1 S. 4 VwGO somit nur, wenn ein erledigter Verwaltungsakt vorliegt. Der in der Norm enthaltene Begriff der Erledigung entspricht dabei grundsätzlich dem in § 43 Abs. 2 VwVfG verwendeten.[265]

aa) § 113 Abs. 1 S. 4 VwGO erfasst aber seinem Wortlaut und seiner systematischen Stellung nach unmittelbar nur die Fälle, in denen sich ein mit einer Anfechtungsklage angegriffener Verwaltungsakt nach Klageerhebung erledigt hat.[266] Ein Beispiel hierfür wäre eine Anfechtungsklage gegen eine Nutzungsuntersagung, bei der nach Klageerhebung das streitgegenständliche Gebäude bei einem Brand zerstört wird.

bb) Da die Fortsetzungsfeststellungsklage insofern eine „fortgeführte" Anfechtungssituation betrifft, müssen weiterhin die Sachurteilsvoraussetzungen der Anfechtungsklage vorliegen. Das betrifft insbesondere die Klagebefugnis nach § 42 Abs. 2 VwGO, die ordnungsgemäße Durchführung eines Vorverfahrens nach den §§ 68 ff. VwGO sowie die Klagefrist des § 74 Abs. 1 S. 2 VwGO.

306   cc) Daneben setzt die Fortsetzungsfeststellungsklage als besondere Sachurteilsvoraussetzung ein spezielles Feststellungsinteresse voraus. Dieses wird in unterschiedlichen Fallgruppen angenommen:[267]
Erstens im Falle einer hinreichend konkreten Wiederholungsgefahr: Hierfür muss in absehbarer Zeit ein im Wesentlichen vergleichbarer Sachverhalt zu erwarten sein, für den die Entscheidung als verhaltensleitende Richtschnur dienen soll. Abstrakte Rechtsfragen genügen nicht, aber die Anforderungen an die Vergleichbarkeit dürfen auch nicht überdehnt werden.[268]

---

[265] S. *Kopp/Schenke*, VwGO, § 113 Rn. 101.
[266] *Hufen*, Verwaltungsprozessrecht, § 18 Rn. 42. Vgl. ausführlich auch *Fechner*, NVwZ 2000, 121 ff.
[267] Im Überblick: *Hufen*, Verwaltungsprozessrecht, § 18 Rn. 47 ff.; *Schenke*, Verwaltungsprozessrecht, Rn. 579 ff; *Würtenberger*, Verwaltungsprozessrecht, Rn. 652 ff.
[268] *BVerwG* NVwZ 2000, 574; *OVG Münster* DVBl. 1999, 1226 f.; *Hufen*, Verwaltungsprozessrecht, § 18 Rn. 48.

Zweitens bei einem sog. Rehabilitationsbedürfnis: Ein solches besteht in Fällen einer fortwirkenden Grundrechtsbetroffenheit und einer fortdauernden diskriminierenden Wirkung.[269] Erfasst sind in jedem Fall tief greifende oder sich typischerweise schnell erledigende Grundrechtseingriffe.[270]

Drittens in Fällen von Präjudizität oder Vorgreiflichkeit. Gemeint sind damit Konstellationen, in denen die verwaltungsgerichtliche Entscheidung Bedeutung für einen später zu führenden Amtshaftungs- oder sonstigen Entschädigungsprozess besitzt. Hier sind allerdings zwei Einschränkungen zu beachten: Zum einen kommt diese Fallgruppe nach h.M. überhaupt nur bei Erledigung nach Klageerhebung in Betracht; dann soll es aber auf das Vorliegen zu sichernder „Prozessfrüchte" nicht weiter ankommen.[271] Zum anderen ist die Präjudizität bei offensichtlich fehlenden Erfolgsaussichten nicht gegeben.[272]

dd) Ist die Fortsetzungsfeststellungsklage erfolgreich, stellt die ver- **307** waltungsgerichtliche Entscheidung einerseits die Rechtswidrigkeit des Verwaltungsakts, andererseits aber auch die subjektive Rechtsverletzung des Klägers fest. Fraglich ist indes, wie es sich auswirkt, dass der erledigte Verwaltungsakt nicht aufgehoben wird. Grundsätzlich ist auch ein rechtwidriger Verwaltungsakt wirksam. Was heißt das aber für den Fall einer erfolgreichen Fortsetzungsfeststellungsklage?

Normalerweise ist dies kein Problem, weil der Verwaltungsakt infolge der Erledigung gerade keine Rechtswirkungen mehr entfaltet. Ausnahmsweise kann dies aber anders sein, so beispielsweise, wenn aufgrund eines als rechtswidrig festgestellten, aber wirksamen Entlassungsbescheids Bezüge zurückgefordert werden.[273] In derartigen Konstellationen darf sich die Behörde nach überwiegender Auffassung nicht auf die Wirksamkeit des rechtswidrigen Verwaltungsakts berufen:

Teilweise wird dies damit begründet, Inhalt des Feststellungsurteils sei auch die Unwirksamkeit des Verwaltungsakts ab dem Zeitpunkt des erledigenden Ereignisses.[274] Nach anderer Auffassung sind die Funktionsgleichheit von Anfechtungs- und Fortsetzungsfeststellungsklage und der Bindung der Verwaltung an Gesetz und Recht nach Art. 20 Abs. 1

---

[269] *OVG Münster* NVwZ-RR 2003, 696 (697); *Hufen*, Verwaltungsprozessrecht, § 18 Rn. 50.

[270] S. *BVerwG* NVwZ 1999, 290 (292). Teilweise werden diese Konstellationen als selbständige Fallgruppe angesehen, s. *Würtenberger*, Verwaltungsprozessrecht, Rn. 655.

[271] *BVerwG* NVwZ 1998, 1295 ff.

[272] *BVerwG* NVwZ 2004, 104 f; *Hufen*, Verwaltungsprozessrecht, § 18 Rn. 51.

[273] S. *BVerwG* NVwZ 2002, 853 f.

[274] *BVerwG* NVwZ 1998, 734 (734); *Kopp/Schenke*, VwGO, § 113 Rn. 148.

GG entscheidend.[275] Im Ergebnis ist jedenfalls nicht mehr der Regelungsgehalt des rechtskräftig als rechtswidrig festgestellten Verwaltungsaktes rechtlich maßgebend, sondern die Rechtslage, die ohne ihn besteht. Mit anderen Worten: Der als rechtswidrig festgestellte Verwaltungsakt besitzt keine Regelungswirkung mehr; aus ihm dürfen keinerlei für den Betroffenen belastende Folgen mehr hergeleitet werden.

308 d) Wie ich eben erläutert habe, erfasst § 113 Abs. 1 S. 4 VwGO direkt nur die Erledigung nach Erhebung einer Anfechtungsklage. Allerdings kommen Erledigungssituationen auch außerhalb dieses unmittelbaren Anwendungsbereichs des § 113 Abs. 1 S. 4 VwGO vor.

aa) Das betrifft zunächst die Erledigung eines belastenden Verwaltungsakts vor Klageerhebung. Hier ist grundsätzlich eine Anfechtungssituation gegeben, nur in zeitlicher Hinsicht liegen die Voraussetzungen des § 113 Abs. 1 S. 4 VwGO nicht vor. Anknüpfend an das eben genannte Beispiel wäre das etwa der Fall, wenn das Gebäude nach der Zustellung des Nutzungsuntersagungsbescheids, aber vor der Klageerhebung durch den Brand zerstört wurde.

309 Es erscheint angesichts der Vergleichbarkeit der Ausgangssituationen zunächst nahe liegend, hier § 113 Abs. 1 S. 4 VwGO entsprechend anzuwenden. Teilweise wird dies jedoch mit dem Argument abgelehnt, es fehle bereits die Grundvoraussetzung des Analogieschlusses, das Vorliegen einer Regelungslücke. Denn hinreichender Rechtsschutz könne durch die Feststellungsklage nach § 43 VwGO gewährt werden.[276] Auch das Bundesverwaltungsgericht[277] hat in allerdings nicht entscheidungserheblichen Urteilspassagen diese Auffassung vertreten.

310 Es ist aber aus mindestens drei Gründen zweifelhaft, ob dieser Ansicht gefolgt werden kann:

Erstens setzt sie voraus, dass das „Bestehen eines Rechtsverhältnisses" i.S.d. § 43 VwGO auch mit Blick auf die Berechtigung zum Erlass eines Verwaltungsakts angenommen werden kann. Ein Verwaltungsakt ist aber kein Rechtsverhältnis, sondern eine Handlung der Verwaltung, durch die erst ein Rechtsverhältnis begründet, verändert oder beendet wird.[278] Allenfalls das dem Verwaltungsakt vor- oder nachgelagerte Rechtsverhältnis käme daher in Betracht. Diese sind aber nicht Gegenstand des Klageantrags. Im Übrigen scheidet ein Rückgriff auf das ihm vorgelagerte Rechtsverhältnis aufgrund der Konkretisierungsfunktion

---

[275] *BVerwG* NVwZ 2002, 853 (853).
[276] Z.B. Schoch/Schmidt-Aßmann/Pietzner/*Gerhardt*, VwGO, § 113 Rn. 99.
[277] BVerwGE 109, 203 (207 f.) – dort allerdings nicht entscheidungserheblich. Dazu *Schenke*, NVwZ 2000, 1255 ff.
[278] *Ehlers*, Jura 2001, 415 (417); s. a. *Heinze/Sahan*, JA 2007, 805 (807 f.).

des Verwaltungsakts solange aus, als dieser nicht unwirksam oder aufgehoben ist.[279] Und auf das nachgelagerte Rechtsverhältnis kann schon
wegen der grundsätzlichen Wirksamkeit auch des rechtswidrigen Verwaltungsakts nicht sinnvoll abgestellt werden.[280]

Zweitens ist vor dem Hintergrund der Rechtsschutzgarantie des
Art. 19 Abs. 4 GG nicht einzusehen, dass es in sonst gleich gearteten
Konstellationen allein vom Zufall des Erledigungszeitpunkts abhängen
soll, welche Klageart statthaft ist.[281]

Drittens schließlich ist fraglich, ob die Anwendung des § 43 VwGO
wirklich methodisch vorzugswürdig ist: Auch sie kommt nämlich nicht
ohne einen Analogieschluss aus. Denn in den Fällen der nachträglichen
Feststellungslage soll für das erforderliche Feststellungsinteresse nicht
wie sonst jedes Interesse rechtlicher, wirtschaftlicher, ideeller Art genügen.[282] Vielmehr wird wegen der Besonderheit des vergangenen Rechtsverhältnisses eine entsprechende Berücksichtigung der Fallgruppen des
besonderen Feststellungsinteresses der Fortsetzungsfeststellungsklage
verlangt.

Aus diesen Gründen befürworte ich die entsprechende Anwendung
des § 113 Abs. 1 S. 4 VwGO auf die Fälle vorprozessualer Erledigung
eines Verwaltungsakts.[283]

bb) Damit komme ich nun zu den Verpflichtungsklagen. Bei diesen   **311**
bezieht sich die Erledigung nicht auf den noch gar nicht erlassenen Verwaltungsakt, sondern auf die Verpflichtungssituation. Diese erledigt
sich zum einen dann, wenn das Leistungsbegehren erfüllt wird oder das
Interesse an der Leistung wegen veränderter Umstände objektiv entfällt.

---

[279] *Ehlers*, Jura 2001, 415 (417). Dagegen z. B. *Schenke*, Verwaltungsprozessrecht, Rn. 325.

[280] *Ehlers*, Jura 2001, 415 (417 f.).

[281] *Schenke*, Verwaltungsprozessrecht, Rn. 325; *Würtenberger*, Verwaltungsprozessrecht, Rn. 644. Dagegen Schoch/Schmidt-Aßmann/Pietzner/*Gerhardt*,
VwGO, § 113 Rn. 99. Tatsächlich findet zumindest hinsichtlich der Sachurteilsvoraussetzungen eine starke Annäherung dadurch statt, dass im Fall der analogen Anwendung des § 113 Abs. 1 S.4 VwGO das Vorverfahrenserfordernis und die Klagefrist des § 74 Abs. 1 S.2 VwGO nach – allerdings umstrittener – Ansicht nicht zur Anwendung kommen. S.dazu nur *Würtenberger*, Verwaltungsprozessrecht, Rn. 648,
658.

[282] Vgl. *Hufen*, Verwaltungsprozessrecht, § 18 Rn. 25; Sodan/Ziekow/*Sodan*,
VwGO, § 43 Rn. 73 ff.

[283] S. a. z. B. *Würtenberger*, Verwaltungsprozessrecht, Rn. 644; im Ergebnis
auch *Schenke*, Verwaltungsprozessrecht, Rn. 325.

Zum anderen ist eine Erledigung anzunehmen, wenn die begehrte Leistung objektiv unmöglich wird oder ein Anspruch infolge einer Rechtsänderung nicht mehr besteht.[284]

Erneut ist auch in zeitlicher Hinsicht zu differenzieren: Die Erledigung der Verpflichtungssituation kann vor oder nach der Klageerhebung eintreten. Ich möchte das an einem Beispiel erläutern: Wenn für einen Stand auf dem Weihnachtsmarkt eine Zulassung erforderlich ist und ein entsprechender Antrag abschlägig beschieden wird, macht es einen Unterschied, ob die Verpflichtungsklage noch vor oder erst nach Weihnachten erhoben wird.

312   Aus den vorgenannten Gründen halte ich auch in diesen Konstellationen jeweils eine analoge Anwendung von § 113 Abs. 1 S. 4 VwGO für zulässig.[285] Das betrifft allerdings nur die Versagungsgegenklage, also die Konstellation der behördlichen Ablehnung des beantragten Verwaltungsakts. Für den Fall, dass sich das Verpflichtungsbegehren bereits vor Klageerhebung erledigt, weil beispielsweise erst nach Weihnachten Klage eingereicht wird, bedeutet das dann gewissermaßen eine „doppelte Analogie", die sowohl die sachlichen wie die zeitlichen Beschränkungen des Anwendungsbereichs überwindet.

Bei der Untätigkeitsklage nach § 75 VwGO fehlt es hingegen an einem einer Feststellungsklage entgegenstehenden Verwaltungsakt. Prüfungsgegenstand ist nicht die Rechtmäßigkeit eines ablehnenden Verwaltungsakts, sondern ein bloßes Untätigbleiben der Verwaltung. Hier kann daher hinreichender Rechtsschutz über § 43 VwGO gewährt werden.[286]

e) Im Ergebnis ist daher der dem Wortlaut nach enge Anwendungsbereich des § 113 Abs. 1 S. 4 VwGO durch entsprechende Anwendungen erheblich auszuweiten. Voraussetzung der Analogie ist aber stets das Vorliegen eines Verwaltungsakts.

313   2. Damit bin ich unmittelbar bei der abschließend zu beantwortenden Frage, wie in entsprechenden Konstellationen bei Realakten vorzugehen ist. Auch diese können sich erledigen, wenn etwa die in ihnen liegende

---

[284] Im zweiten Fall liegt streng genommen keine Erledigung vor, dennoch wird er als Erledigungssituation behandelt, s. Schoch/Schmidt-Aßmann/Pietzner/*Gerhardt*, VwGO, § 113 Rn. 100 m. w. N.

[285] Näher hierzu z. B. *Heinze/Sahan*, JA 2007, 805 (809 f). Für eine Anwendung von § 43 VwGO Schoch/Schmidt-Aßmann/Pietzner/*Gerhardt*, VwGO, § 113 Rn. 105.

[286] Str., wie hier z. B. *Ehlers*, Jura 2001, 415 (419); anders z. B. *Schenke*, Verwaltungsprozessrecht, Rn. 330 m.w.N.

faktische Belastung endet oder wenn eine tatsächliche Leistung wertlos oder gegenstandslos wird.[287] Kommt also auch hier eine entsprechende Anwendung des § 113 Abs. 1 S. 4 VwGO in Betracht?

Ich möchte diese Frage verneinen.[288]

a) Ausgangspunkt ist dabei die Erkenntnis, dass es sich bei der Fortsetzungsfeststellungsklage nach § 113 Abs. 1 S. 4 VwGO um eine Art „verlängerter" Anfechtungsklage handelt. Wie diese setzt sie daher grundsätzlich das Vorliegen eines Verwaltungsakts voraus. Diese Grundkonstellation wird in den beschriebenen Varianten einer analogen Anwendung der Fortsetzungsfeststellungsklage nicht missachtet.

Der dadurch gegebene systematische Zusammenhang zu § 113 Abs. 1 S. 1 VwGO fehlt aber ebenso wie bei der Untätigkeitsklage auch bei einer möglichen Erstreckung auf Realakte. In diesem Fall kann auch das oben genannte Argument der Zufälligkeit nicht verfangen: Die unterschiedliche Behandlung von Real- und Verwaltungsakten ist kein Zufall, sondern wird von der VwGO vorausgesetzt.

b) Im Übrigen besteht insoweit aber auch keine Rechtsschutzlücke, **314** denn eine entsprechend modifizierte, also um die Fallgruppen des besonderen Feststellungsinteresses erweiterte, Feststellungsklage kann hinreichenden Rechtsschutz bieten.[289] Anders als ein Verwaltungsakt konkretisiert ein Realakt nicht verbindlich die Rechtslage. Daher bildet die ihm notwendig vorausgehende Berechtigung für ein den Bürger in seiner Rechtsstellung negativ berührendes hoheitliches Handeln ein feststellungsfähiges Rechtsverhältnis.

Ich danke Ihnen für Ihre Aufmerksamkeit.

C. Literatur zur Vertiefung

Barczak, Klageänderung, Klagerücknahme und Erledigung des Rechtsstreits im verwaltungsgerichtlichen Verfahren, JA 2014, 778 ff.; *Bünnigmann*, Aus der Praxis: Erledigung ist nicht gleich Erledigung, JuS 2017, 650 ff.; *Deckenbrock/Dötsch*, Die Erledigung der Hauptsache im Verwaltungsprozess, JuS 2004, 489 ff., 689 ff.; *Decker*, Die Fortsetzungsfeststellungsklage in der Situation der Verpflichtungsklage, JA 2016, 241 ff.; *Ehlers*, Die Fortsetzungsfeststellungsklage Jura 2001, 415 ff.; *Fechner*, Die Rechtswidrigkeitsfeststellungsklage, NVwZ

---

[287] *Hufen*, Verwaltungsprozessrecht, § 18 Rn. 44. S. etwa die Fallgestaltung in Aufgabe 12.

[288] S. a. *Kopp/Schenke*, VwGO, § 113 Rn. 116; *Schenke*, Verwaltungsprozessrecht, Rn. 337; a. A. z. B. *Hufen*, Verwaltungsprozessrecht, § 18 Rn. 45.

[289] Ebenso *Ehlers*, Jura 2001, 415 (419); *Schenke*, Verwaltungsprozessrecht, Rn. 337; *Würtenberger*, Verwaltungsprozessrecht, Rn. 645.

2000, 121 ff.; *Heinze/Sahan*, Der verbliebene Anwendungsbereich der Fortsetzungsfeststellungsklage nach § 113 I 4 VwGO, JA 2007, 805 ff.; *Niedzwicki*, Die
einseitige Erledigung der Hauptsache im Verwaltungsprozess, JA 2011, 543 ff.;
Ogorek, Die Fortsetzungsfeststellungsklage, JA 2002, 222 ff.; *R. P. Schenke*, Die
Neujustierung der Fortsetzungsfeststellungsklage, JuS 2007, 697 ff.; *ders.*, Neue
Wege im Rechtsschutz gegen vorprozessual erledigte Verwaltungsakte?, NVwZ
2000, 1255 ff.

Kurzübersicht: Aufbau und Zeiteinteilung

Die nachfolgende Übersicht stellt den grundlegenden Aufbau eines Kurzvortrags noch einmal grafisch dar und enthält Angaben zum zeitlichen Ausmaß der einzelnen Abschnitte bei einem zehnminütigen Vortrag. Anders als beim Aktenvortrag im Zweiten Examen[290] bestehen angesichts der Vielzahl möglicher Vortragsgestaltungen im Ersten Examen keine klar strukturierten, stets abzuarbeitenden Prüfungspunkte; die hier wiedergegebene Darstellung liefert daher ersichtlich nur ein grobes Raster und muss insbesondere im Hauptteil an die jeweilige Themenstellung angepasst werden.

Begrüßungsformel → Rn. 73	---
Einleitung → Rn. 74	½ Minute
Ggf. Darstellung des Sachverhalts → Rn. 74	2 Minuten
Hauptteil: *Entweder* Falllösung → Rn. 26 ff. *oder* Themenerörterung → Rn. 42	7 Minuten
Abschluss, Zusammenfassung → Rn. 78	½ Minute
Dank für die Aufmerksamkeit → Rn. 78	---

---

[290] S. die entsprechende Übersicht bei *Jäckel*, Der zivilrechtliche Aktenvortrag im Assessorexamen, 2008, S. 83.

Anhang[291]

A. Auszüge aus den Prüfungsvorschriften

I. Berlin

Aus der Ausbildungs- und Prüfungsordnung für Juristinnen und Juristen im Land Berlin (Berliner Juristenausbildungsordnung – JAO) vom 4. August 2003 (GVBl. S. 298); zuletzt geändert durch Art. 18 des Gesetzes vom 19. Dezember 2017 (GVBl. S. 695):

§ 9 Abs. 2: „Die mündliche Prüfung besteht aus einem zehnminütigen Vortrag mit einem anschließenden längstens fünfminütigen Vertiefungsgespräch sowie einem Prüfungsgespräch in drei Abschnitten. […] Mit dem Vortrag soll der Prüfling neben Rechtskenntnissen seine Fähigkeit zur mündlichen Darstellung und Diskussion rechtlicher Fragen zeigen. Das Rechtsgebiet des Vortrages wählt der Prüfling; die Aufgabe für den Vortrag bestimmt das Gemeinsame Juristische Prüfungsamt. Trifft der Prüfling seine Wahl nicht rechtzeitig […], bestimmt das Gemeinsame Juristische Prüfungsamt auch das Rechtsgebiet. Die Vorbereitungszeit beträgt eine Stunde."

§ 10 Abs. 2: „[…] Die Aufsichtsarbeiten sind mit einem Anteil von 63 vom Hundert, der Vortrag mit 13 vom Hundert und die drei Abschnitte des Prüfungsgespräches mit je 8 vom Hundert zu berücksichtigen. […]"

II. Brandenburg

Aus der Ausbildungs- und Prüfungsordnung für Juristen im Land Brandenburg (Brandenburgische Juristenausbildungsordnung – BbgJAO) vom 6. August 2003 (GVBl. II/03 S. 438), zuletzt geändert durch Art. 1 Zweite ÄndVO vom 22. 11. 2010 (GVBl. II Nr. 80 S. 1):

§ 9 Abs. 2: „Die mündliche Prüfung besteht aus einem zehnminütigen Vortrag mit einem anschließenden, längstens fünfminütigen Vertiefungsgespräch sowie einem Prüfungsgespräch in drei Abschnitten. […] Mit dem Vortrag soll der Prüfling neben Rechtskenntnissen seine Fähigkeit zur mündlichen Darstellung und

---

[291] Die in diesem Anhang abgedruckten Normen und Dokumente geben den Stand von April 2018 wieder. Es empfiehlt sich, vor dem eigenen Aktenvortrag rechtzeitig zu überprüfen, ob sich die rechtlichen Grundlagen bzw. die einschlägigen Weisungen inzwischen verändert haben.

Diskussion rechtlicher Fragen zeigen. Das Rechtsgebiet des Vortrages wählt der Prüfling; die Aufgabe für den Vortrag bestimmt das Gemeinsame Juristische Prüfungsamt. Trifft der Prüfling seine Wahl nicht rechtzeitig [...], bestimmt das Gemeinsame Juristische Prüfungsamt auch das Rechtsgebiet. Die Vorbereitungszeit beträgt eine Stunde."

§ 10 Abs. 2: „[...] Die Aufsichtsarbeiten sind mit einem Anteil von 63 vom Hundert, der Vortrag mit 13 vom Hundert und die drei Abschnitte des Prüfungsgespräches mit je acht vom Hundert zu berücksichtigen. [...]"

III. Hamburg

Aus dem Hamburgisches Juristenausbildungsgesetz (HmbJAG) vom 11. Juni 2003 (HmbGVBl. 2003, S. 156), zuletzt geändert durch Gesetz vom 19. Mai 2017 (HmbGVBl., S. 143):

„§ 20 Inhalt und Gang der mündlichen Prüfung

(1) Die mündliche Prüfung ist in erster Linie eine Verständnisprüfung. Sie bezieht sich auf die Prüfungsgegenstände nach § 12. Die mündliche Prüfung besteht aus einem Vortrag und einem Prüfungsgespräch. Den Prüflingen werden die erforderlichen Gesetzestexte zur Verfügung gestellt.

(2) Durch den Vortrag, mit dem die mündliche Prüfung beginnt, werden insbesondere die Schlüsselqualifikationen geprüft. Die Aufgabenstellung für den Vortrag ist dem Prüfling am Prüfungstag zu übergeben. Die Vorbereitungszeit beträgt eine Stunde; Prüflingen mit Behinderungen kann die Zeit auf Antrag verlängert werden. Die Dauer des Vortrages darf 10 Minuten nicht überschreiten; anschließende Rückfragen sind möglich. Das Nähere regelt das Prüfungsamt."

„§ 21 Bewertung der mündlichen Prüfung

(1) Im Anschluss an die mündliche Prüfung berät die Prüfungskommission über die Bewertung der mündlichen Leistungen. [...]

(2) Für jeden der vier Prüfungsabschnitte wird eine Punktzahl nach § 7 festgesetzt. [...]"

IV. Nordrhein-Westfalen

Aus dem Gesetz über die juristische Prüfung und den juristischen Vorbereitungsdienst (Juristenausbildungsgesetz Nordrhein-Westfalen – JAG NRW) vom 11. März 2003 (GV.NRW 2003, S. 135), zuletzt geändert durch Art. 14 DRModG NRWvom 14. Juni 2016 (GV.NRW 2016, S. 310, 642):

§ 10 Abs. 3: „Der mündliche Teil besteht aus einem Vortrag und einem Prüfungsgespräch. Der Vortrag geht dem Prüfungsgespräch voraus. Die Aufgabenstellung für den Vortrag ist dem Bürgerlichen Recht [...], dem Strafrecht [...] oder dem Öffentlichen Recht […], jeweils unter Einschluss der dazugehörigen Verfahrensrechte, zu entnehmen. […]"

§ 15 Abs. 4: „Die Aufgabenstellung für den Vortrag ist dem Prüfling am Prüfungstag zu übergeben. Die Vorbereitungszeit beträgt eine Stunde; köperbehinderten Studenten kann die Zeit auf Antrag um bis zu 30 Minuten verlängert werden. Die Dauer des Vortrages darf 12 Minuten nicht überschreiten."

§ 18 Abs. 3: „[…] Es sind die Aufsichtsarbeiten mit einem Anteil von insgesamt 60 v. H., der Vortrag mit 10 v. H. und die Leistungen im Prüfungsgespräch mit einem Anteil von insgesamt 30 v. H. zu berücksichtigen. […]"

B. Merkblätter und Weisungen der Prüfungsämter

I. Berlin/Brandenburg

Gemeinsames Juristisches Prüfungsamt der Länder Berlin und Brandenburg, Hinweise zum Aktenvortrag:[292]

„Vortrag im ersten Staatsexamen (§ 9 Abs. 2 JAO 2003)
Nach den Bestimmungen der JAO 2003 wird bei der Prüfung auch im ersten Examen die mündliche Prüfung durch einen Vortrag mit einem anschließendem Vertiefungsgespräch eingeleitet. Die Vorbereitungszeit auf den Vortrag beträgt 1 Stunde; die Vortragszeit beträgt 10 Minuten. Es folgt ein Vertiefungsgespräch von längstens 5 Minuten Dauer. Mit dem Vortrag soll dem Prüfling die Möglichkeit gegeben werden, auch seine rhetorischen Fähigkeiten unter Beweis zustellen.

a) Der zeitliche Ablauf
Die Kandidaten erhalten den Aufgabentext am Morgen des Prüfungstages gestaffelt (in der Regel nach dem Alphabet) in einem Abstand von etwa 20 Minuten. Nach der einstündigen Vorbereitungszeit betreten sie der Reihe nach den Prüfungssaal und halten ihren Vortrag vor der Kommission. Für das Zeitmanagement während des zehnminütigen Vortrags ist der Kandidat verantwortlich. Direkt an den Vortrag schließt sich das Vertiefungsgespräch an, das der Fachprüfer führt.

Das Rechtsgebiet des Vortrags wählt der Kandidat, den Vortrag bestimmt das Prüfungsamt. Trifft der Prüfling seine Wahl nicht rechtzeitig (§ 4 Abs. 2 JAO), bestimmt das Prüfungsamt auch das Rechtsgebiet (§ 9 Abs. 2 JAO).

b) Die Gestaltung des Vortrags
Es sind unterschiedliche Einkleidungen für die Vortragsaufgabe denkbar. Die nachstehende Darstellung enthält Beispiele mit typischen Lösungsansätzen. Die Einzelheiten für die konkret zu bearbeitende Aufgabe im Examen werden sich jeweils aus dem der Aufgabe beigefügten Bearbeitungshinweis ergeben.

1. Der einfache Klausurfall
Dies ist die klassische Aufgabenstellung. Der Kandidat erhält einen kurzen Sachverhalt und hat die rechtliche Lösung darzustellen. Denkbar ist hier auch eine anwaltliche Beratungsaufgabe, bei der eine bestimmte Problemlösung erstrebt und der Mandant beraten werden soll, wie er das gewünschte Ergebnis erreichen kann.

2. Der einfache Klausurfall mit thematischer Zusatzfrage

---

[292] https://www.berlin.de/sen/justiz/juristenausbildung/juristische-pruefungen/vortrag_1_ex.pdf.

Dies sind Aufgaben, bei denen die Begutachtung eines bestimmten Sachverhaltes, etwa die Beschädigung einer Sache des Arbeitgebers durch den Arbeitnehmer oder die Androhung der Folter durch einen Polizeibeamten mit der Aufforderung verknüpft wird, die Rechtsentwicklung zu erläutern und die unterschiedlichen zu diesem Rechtsproblem vertretenen Lösungsansätze darzustellen.

3. Der thematische Vortrag
Der thematische Vortrag löst sich vom Fall. In seinem Mittelpunkt steht die Anforderung, ein bezeichnetes Rechtsproblem in seinen Bezügen darzustellen. Ausgangspunkt kann auch ein Zeitungsartikel, eine Pressemitteilung o.ä. mit der Bitte sein, die wesentlichen angesprochenen Rechtsprobleme zu skizzieren und die Rechtsentwicklung und die unterschiedlichen zu dem Problem vertretenen Rechtsmeinungen zu erläutern und hierzu wertend Stellung zu nehmen."

II. Hamburg

Aus den „Informationen zur Staatlichen Pflichtfachprüfung" des Justizprüfungsamtes bei dem Hanseatischen Oberlandesgericht, Stand: April 2017:[293]

„Die mündliche Prüfung beginnt mit dem **Kurzvortrag** (§ 20 Abs. 2 JAG). Die Aufgabenstellung wird den Kandidaten – zeitversetzt – jeweils eine Stunde vor dem Beginn des Vortrags übergeben. **Ein Wahlrecht** der Kandidaten hinsichtlich des Pflichtfaches, dem die Aufgabenstellung entnommen wird, **besteht nicht**. Die Aufgabe kann in der Bearbeitung eines juristischen Themas oder der Lösung eines einfach gelagerten Falles bestehen; auch insoweit besteht kein Wahlrecht der Kandidaten. Für die Vorbereitung des Vortrages sind von den Kandidaten jeweils die o.g. Gesetzessammlungen mitzubringen. Für den Vortrag und etwaige Rückfragen der Prüfungskommission stehen je Kandidat **insgesamt fünfzehn Minuten** zur Verfügung. Die Dauer des Vortrages des Kandidaten darf **zehn Minuten** nicht überschreiten."

III. Nordrhein-Westfalen

„Weisungen für den Vortrag in der staatlichen Pflichtfachprüfung[294]

I. Zielsetzung/Allgemeines
Durch den Vortrag sollen die Prüflinge zeigen, dass sie befähigt sind, nach kurzer Vorbereitung in freier Rede eine juristische Problemstellung zu präsentieren sowie hierzu Position zu beziehen und diese unter richtiger Schwerpunktsetzung argumentativ zu begründen. Die Aufgabenstellung für den Vortrag wird dem

---

[293] http://justiz.hamburg.de/contentblob/8512572/dced20e-bacf76501334c02fabf6b2d4c/data/infoblatt-hmbjag-stand-april-2017.pdf.
[294] http://www.olg-duesseldorf.nrw.de/aufgaben/pruefungsamt/06jpa-a-z/06muendliche_pruefung/06weisungen_vortrag/index.php (17.4.2018).

Bürgerlichen Recht, dem Strafrecht oder dem Öffentlichen Recht, jeweils unter Einschluss der dazugehörenden Verfahrensrechte, entnommen. Es gibt Fallvorträge und Themenvorträge. Die Aufgabenstellung wird den Prüflingen am Prüfungstag übergeben. Die Vorbereitungszeit beträgt eine Stunde.

Der Vortrag soll bei einem Fallvortrag aus einer rechtlichen Würdigung in freier Rede bestehen. Bei einem Themenvortrag soll die Problemstellung strukturiert aufgearbeitet werden. Eine Wiedergabe des Sachverhaltes bzw. der Themenstellung ist nicht erforderlich. Die Einzelheiten der Bearbeitung ergeben sich aus dem Aufgabentext, insbesondere aus einem möglichen Bearbeitervermerk. Sowohl Vortragsform als auch Vortragsinhalt fließen in die Beurteilung ein.

II. Gesetzestexte

Zur Vorbereitung des Vortrages dürfen nur die zur Verfügung gestellten Gesetzessammlungen als Hilfsmittel benutzt werden. Zugelassene Hilfsmittel sind: Schönfelder nebst Ergänzungsband, Sartorius I, von Hippel/Rehborn. Ohne Rücksicht auf den Zeitpunkt des im Fall erfassten Geschehens sind die gesetzlichen Vorschriften in der Fassung anzuwenden, die in den jeweils zur Verfügung gestellten Gesetzessammlungen abgedruckt ist, soweit sich nicht aus dem Bearbeitervermerk etwas anderes ergibt.

III. Vortrag

Beim Vortrag können die Prüflinge Stichwortzettel benutzen. Das Ablesen einer schriftlichen Ausarbeitung entspricht nicht den Anforderungen an einen freien Vortrag (siehe Ziff. I). Der Vortrag darf die Dauer von 12 Minuten nicht überschreiten; er wird nach Ablauf dieser Zeit abgebrochen. Den Prüflingen werden während und nach dem Vortrag keine Fragen zur Ergänzung oder Klarstellung ihrer Ausführungen gestellt. Der Sachverhalt ist dem/der Vorsitzenden des Prüfungsausschusses im Anschluss an den Vortrag auszuhändigen."

Stichwortverzeichnis

Die Zahlen verweisen auf Randnummern.